Carlo Guastall

giocare con la letteratura

ALMA Edizioni - Firenze

Indice del libro

Indice

3

Indice dei contenuti

Prefazione

Il lettore di questa prefazione sarà presumibilmente un insegnante di italiano come lingua straniera o seconda. In tal caso apparterrà sicuramente a una di queste due categorie: a) in classe parla soltanto in italiano; o b) in classe parla qualche volta in italiano e qualche volta in un'altra lingua (una che gli studenti capiscono meglio). Se appartiene alla seconda categoria vorrebbe sotto sotto appartenere alla prima, ma probabilmente crede sia un'utopia.

Poi gli studenti. Già è difficile far sì che quando si rivolgono all'insegnante parlino sempre in italiano. Far sì che parlino fra di loro unicamente in italiano è ritenuto dalla maggior parte degli insegnanti impossibile.

Poi la letteratura. Roba semmai per classi avanzate. Altrimenti molto spesso per parlarne bisogna per forza abbandonare la lingua italiana: in che altro modo gli studenti potrebbero capire abbastanza per apprezzare gli autori scelti? In fondo, quanti di noi hanno studiato la letteratura di una lingua straniera all'università senza leggere le opere prima in traduzione? Quasi nessuno.

Ebbene, credo che questo libro possa cambiare alcune di queste percezioni in modo permanente. Nell'autore, Carlo Guastalla, confluiscono tre cose: un'esperienza consolidata di pratica quotidiana di insegnamento di italiano a studenti stranieri, una passione per la letteratura e una ricca fantasia. Ha saputo sfruttare questi tre aspetti in modo esemplare e ha creato un'opera totalmente originale. Il numero, la qualità e la varietà delle proposte didattiche presenti nel libro sono a dir poco sorprendenti. Queste sono tutte realizzabili senza il minimo uso di altre lingue in classe anche a livelli abbastanza bassi di competenza linguistica.

Inoltre ogni unità è corredata da una scheda di informazioni sul brano in questione, sull'opera da cui è tratto e sul suo autore. Ciò che colpisce in modo particolare è che, al servizio di chi voglia approfondire la conoscenza di un determinato autore, ogni scheda fornisce anche ricchissimi e preziosissimi spunti riguardo ad altri possibili percorsi di lettura.

Questo libro merita di essere adottato dovunque si insegni italiano.

Christopher Humphris

Introduzione

Struttura del libro

"Giocare con la letteratura" è strutturato come un corso di letteratura italiana per stranieri, che può essere usato a fianco dei materiali didattici più propriamente incentrati sulla lingua. I brani scelti sono in ordine di progressiva difficoltà: le prime tre unità sono destinate ad un livello post-principiante, le successive cinque ad un livello intermedio, le successive quattro ad un livello intermedio-alto, le ultime tre ad un livello progredito. Tra ogni sezione c'è una mini unità (intermezzo) su un racconto brevissimo.

Il libro prevede 15 unità didattiche, ognuna delle quali è costruita intorno ad un brano letterario estratto da un romanzo o da un racconto di un autore del Novecento italiano. Ogni brano è introdotto da una scheda introduttiva con le informazioni biografiche e bibliografiche sull'autore, qualche notizia sull'opera da cui è tratto il brano, idee su come proseguire la lettura e su altre possibili opere dello stesso scrittore da proporre alla classe.

Alla fine del libro si trovano le istruzioni per l'insegnante su come preparare o proporre alcune attività più complesse e le soluzioni di tutti i lavori proposti nelle unità.

Come usare il libro

Ogni unità è corredata da un'ampia gamma di attività da utilizzare sia in classe che per il lavoro individuale. La struttura della sequenza delle attività è omogenea e risponde all'esigenza di avvicinarsi ad un autore a partire dalla lettura autonoma da parte degli studenti, permettendo loro di fare ipotesi e di riflettere sui significati, sullo stile, sulla lingua, sulle strutture grammaticali. Al centro del processo di apprendimento è sempre posto lo studente mentre l'insegnante dovrebbe avere la funzione di un esperto a disposizione degli studenti/ricercatori che si confrontano per trovare la soluzioni ai quesiti posti dalle singole attività. Ognuna di queste ha un obbiettivo ben preciso, che vediamo ora in dettaglio.

Attività introduttiva: gli studenti vengono introdotti al testo letterario attraverso un gioco che fa sì che affrontino la lettura senza paura e senza sentire il peso dell'aura o della difficoltà che nell'immaginario di ognuno ha la letteratura. In realtà quest'ultima è spesso effettivamente più difficile di un testo di comunicazione convenzionale sia dal punto di vista delle strutture morfosintattiche che del lessico. L'attività introduttiva permette di aggirare questa paura in un modo giocoso e leggero, immettendo lo studente/lettore nell'atmosfera del racconto, dandogli alcune informazioni sui personaggi e sul contesto e promuovendo il suo desiderio alla continuazione della lettura.

Lettura: il brano dovrebbe essere letto in modo autonomo e silenzioso dando a tutti il tempo necessario per capire ciò che si sta leggendo (a seconda della lunghezza del brano si potranno dare dai 10 ai 20 minuti di tempo). La proposta è di far usare un dizionario in cui ricercare di volta in volta le parole che non si capiscono. Anche l'insegnante dovrebbe essere a disposizione nel caso in cui qualche studente avesse bisogno di un aiuto per migliorare la propria comprensione. L'obbiettivo della lettura di un testo letterario infatti è quello di capire il testo, comprendere il più possibile tutti i messaggi che dà l'autore. In caso contrario avvicinare il suo mondo letterario, il suo specifico letterario, risulterà pressoché impossibile. Certo, anche dopo un'analisi, per quanto approfondita, qualsiasi studente continuerà ad aver compreso il testo in un modo personale, ma questo è quello che succede sempre, anche nella lettura di un'opera in lingua madre. Le attività di lettura sono quasi sempre corredate da domande sul contenuto. Questo permette di ritornare al testo e, in un momento successivo, di confrontarsi con altri studenti per approfondire la propria comprensione. È chiaro che le domande sono solo un pretesto per far sì che la lettura sia approfondita e non rappresentano la richiesta di focalizzare l'attenzione sugli elementi più importanti del testo.

Lettura analitica: è un'attività di ritorno al testo in cui gli studenti vanno alla ricerca degli esempi di un determinato argomento grammaticale che verranno successivamente classificati in base a criteri espressi in ogni specifica attività. È importante che l'insegnante rimanga in una posizione defilata e lasci ai propri studenti il ruolo di ricercare le risposte ai quesiti. Solo in una fase finale l'insegnante risponderà alle domande poste dagli studenti, che in questo modo potranno "fare grammatica" in prima persona. La lettura analitica "lessico" ha lo scopo di aumentare il bagaglio lessicale, aiutando a riflettere su parole o espressioni che nel contesto assumono un significato difficilmente rintracciabile sul dizionario.

Scelta multipla: gli studenti devono scegliere la risposta giusta tra due o più proposte.

Completa la tabella: è un lavoro morfologico in cui gli studenti, dopo aver svolto un'attività su un argomento grammaticale, ne fissano la forma.

Riscrittura: il compito è quello di riscrivere un brano già letto in precedenza, in cui però varia un aspetto del contesto. Questa modifica ha ripercussioni sulle scelte grammaticali che gli studenti dovranno fare per svolgere la riscrittura.

Cloze: compito degli studenti è completare un testo al quale sono state tolte, secondo determinati criteri, alcune parole. È un lavoro grammaticale il cui obbiettivo è quello di consolidare la conoscenza di regole grammaticali già affrontate in precedenza in ambito analitico.

Gioco: sono attività di vario genere, dal cruciverba al dettato tra compagni, in cui gli studenti devono tornare al testo per risolvere dei quesiti o svolgere dei compiti in piccole competizioni all'interno della classe.

Drammatizzazione: a partire dal brano letto gli studenti preparano una trasposizione teatrale del brano. Questa attività fa sì che gli studenti tornino al testo in modo molto profondo in quanto saranno costretti a leggere nel brano anche le motivazioni che sono alla base di certi atteggiamenti dei personaggi, dovranno immaginare il loro modo di parlare, i movimenti, la gestualità, i sentimenti.

Produzione libera orale: durante questa attività gli studenti cercano di parlare liberamente in italiano. Può essere di tipo reale (due studenti discutono su temi di attualità o cultura o personali) o immaginaria (due studenti impersonano un ruolo che è stato loro assegnato dall'insegnante). Tutte le produzioni libere orali sono di argomento attinente a quello del brano dell'unità e nella maggior parte dei casi partono da una ulteriore lettura (da una nuova prospettiva) del brano stesso. È importante che l'insegnante lasci parlare liberamente gli studenti, senza interruzioni, e anzi promuova la loro autonomia. Durante questa attività gli studenti non dovrebbero avere accesso al dizionario ma dovrebbero essere spronati a lasciarsi andare senza paura di sbagliare.

Produzione libera scritta: in questa attività gli studenti hanno il compito di scrivere sulla base di un input. Gli studenti dovrebbero essere messi in una situazione rilassata in cui comunicare usando la fantasia e la loro competenza nell'italiano. L'obbiettivo è quello di sviluppare la competenza nella produzione della lingua scritta.

Analisi testuale: è l'ultima attività della maggior parte delle unità. Rappresenta l'ultimo ritorno al testo, il più profondo, quello in cui gli studenti devono analizzare lo stile del brano affrontato, confrontandosi tra di loro e giungendo a qualche tipo di conclusione.

La scelta dei brani

Questo libro non ha la presunzione di affermare una superiorità letteraria degli autori qui presenti rispetto ad altri che non sono stati inseriti. Il primo criterio di scelta è stato quello temporale: si è limitato il campo alla letteratura del Novecento, più vicina a noi dal punto di vista linguistico e culturale, quindi più facilmente affrontabile da studenti che stanno cominciando a studiare l'italiano. Tra gli autori dell'ultimo secolo si è cercato di privilegiare quelli che potessero essere meglio compresi da un pubblico non italiano. Questo ha fatto sì che rimanessero dolorosamente fuori alcuni autori che tuttora sono fondamentali nella letteratura italiana, e non solo del Novecento (primi tra tutti Gadda, Pirandello, Pasolini e Fo) ma la cui lettura avrebbe potuto essere rivolta solo a studenti con un'altissima competenza nell'italiano e con una notevole conoscenza della storia e della cultura italiana.
Non da ultime sono da considerare le scelte personali del curatore.

L'autore

Questo libro è dedicato a mia madre

RINGRAZIAMENTI

Un grazie particolare a Sabrina Galasso. Senza il suo appoggio e aiuto questo libro non avrebbe mai visto la luce. Grazie di cuore a Christopher Humphris, Stefano Urbani, a tutti gli insegnanti e a tutti gli studenti della Di.L.It. – International House di Roma, dove le attività sono state sperimentate e modificate. Grazie a Marina Thiery per avermi fatto amare la letteratura. Grazie a Massimo per aver avuto pazienza e ad Alessandro per essere stato sempre presente. Grazie a Mario e a Ettore. Grazie a Simone, Paolo, Yuko, Ernesto, Mbanga.

NOTA

Chi vuole contattare l'autore può scrivere a <u>carlemar@yahoo.com</u>.

Gianni Rodari
(Omegna, Novara 1920 - Roma 1980)

L'autore

Gianni Rodari è nato a Omegna (Novara), sul lago d'Orta, da genitori lombardi. È il più grande autore italiano di libri per bambini. Ha cominciato a scrivere per i bambini casualmente. Lavorava al quotidiano *L'Unità* di Milano, tra il '47 e il '50, quando, per una pagina domenicale dedicata genericamente "alla famiglia", ha scritto i primi raccontini umoristici, ricordandosi di quelli che aveva inventato anni prima, quando era maestro elementare. Dal 1950 ha scritto due dozzine abbondanti di libri che nascono certamente per i bambini, ma restano nella memoria come opere letterarie complete, non di settore, capitate solo per qualche disguido nello scaffale della letteratura infantile.

I suoi libri sono tradotti in più di trenta lingue. Per l'insieme della sua opera, Rodari ha ricevuto, nel 1970, il Premio Andersen, definito il "Nobel della letteratura infantile".

Le opere principali

Libro delle filastrocche (1950); *Le avventure di Cipollino* (1951); *Filastrocche in cielo e in terra* (1960); *Favole al telefono* (1961); *Il libro degli errori* (1964); *I viaggi di Giovannino Perdigiorno* (1973); *Grammatica della fantasia* (1973); *Marionette in libertà* (1974); *C'era due volte il barone Lamberto ovvero I misteri dell'isola di San Giulio* (1978); *Parole per giocare* (1979); *Bàmbolik* (1979).

Il libro da cui è tratto il brano

Il libro degli errori è una raccolta di poesie e racconti diviso in tre sezioni: "Errori in rosso", "Errori in blu" e "Trovate l'errore". Le regole della grammatica e gli errori d'ortografia sono i protagonisti dei vari brani, animati da personaggi buffi e divertenti, come il Professor Grammaticus, il personaggio principale di molti racconti nei quali un accento sbagliato o una lettera fuori posto danno vita a situazioni paradossali e grottesche.

Caratteristiche del brano scelto

È un breve racconto che ha come protagonista il simpatico "professor Grammaticus", il quale, a dispetto del suo nome, ha ragionamenti devianti e rivoluzionari. Benché il racconto non presenti grandi problemi a livello lessicale e sintattico, il registro surreale, tipico di Rodari, potrebbe rappresentare una difficoltà non irrilevante per gli studenti.

Percorsi

La casa editrice Einaudi ha pubblicato una raccolta di opere di Rodari intitolata *Cinque libri*, che comprende, oltre a *Il libro degli errori*, anche *Filastrocche in cielo e in terra*, *Favole al telefono*, *C'era due volte il Barone Lamberto* e *Il gioco dei quattro cantoni*. Questo libro è una vera fucina di materiale da utilizzare in classe. Si possono trovare poesie brevi e brevissime, filastrocche, racconti più o meno lunghi fino al romanzo breve *C'era due volte il barone Lamberto* che potrebbe essere proposto ad un livello avanzato. Il fatto che i racconti di Rodari siano scritti per bambini non deve far immediatamente presumere che siano semplici da comprendere. I continui giochi di parole e le atmosfere surreali possono infatti causare non pochi problemi a studenti stranieri che non padroneggiano la lingua.

Altre opere da proporre in classe

Tutte le opere di Rodari si prestano ad essere utilizzate. Oltre alle opere dei *Cinque libri* potrebbe essere interessante fare qualche lavoro sui personaggi, presi a prestito dalla commedia dell'arte e da altre favole, di *Marionette in libertà*.

Gianni Rodari
La riforma della grammatica

La riforma della grammatica

1 Attività introduttiva

1.   Riscrivi il brano iniziale del testo rimettendo nel posto giusto i pezzi di frase qui sotto. Puoi usare il dizionario o chiedere aiuto all'insegnante. Fai attenzione alla punteggiatura.

> con tutte queste complicazioni.
>
> - Basta,
>
> decise di riformare la grammatica.
>
> - egli diceva, -
>
> Il professor Grammaticus,
>
> un giorno,

Il professor Grammaticus,

2.1.　Leggi il testo completo.

> 1　Il professor Grammaticus, un giorno, decise di riformare la grammatica.
> 　　- Basta, - egli diceva, - con tutte queste complicazioni. Per esempio, gli aggettivi, che bisogno c'è di distinguerli in tante categorie? Facciamo due categorie sole: gli *aggettivi simpatici* e gli *aggettivi antipatici*. *Aggettivi simpatici*: buono, allegro, generoso, sincero, coraggioso. *Aggettivi antipatici*: avaro,
> 5　prepotente, bugiardo, sleale, e via discorrendo. Non vi sembra più giusto?
> 　　La domestica che era stata ad ascoltarlo rispose: - Giustissimo.
> 　　- Prendiamo i verbi, - continuò il professor Grammaticus. - Secondo me essi non si dividono affatto in tre coniugazioni, ma soltanto in due. Ci sono i *verbi da coniugare* e quelli *da lasciar stare*, come ad esempio: mentire, rubare, ammazzare, arricchirsi alle spalle del prossimo. Ho ragione sì o
> 10　no?
> 　　- Parole d'oro, - disse la domestica. E se tutti fossero stati del parere di quella buona donna la riforma si sarebbe potuta fare in dieci minuti

Gianni Rodari, *La riforma della grammatica*, da *Il libro degli errori*, Einaudi, Torino 1964

2.2.　Rileggi il testo per rispondere alle domande. Poi confronta le risposte con quelle di un compagno.

a) Quante persone vengono nominate nel racconto?

☐ 1　　☐ 2　　☐ 3

b) Dove sta il professor Grammaticus?

☐ a scuola　　☐ a casa　　☐ al ristorante

c) Secondo te il Professor Grammaticus ha ragione?

☐ sì perché ....

☐ no perché ....

3.   Le dieci parole sottolineate sono tutte sostantivi. Inserisci nella prima tabella i numeri 1, 3, 4, 5, 7, 9, 10 e nella seconda tabella i numeri 2, 6, 8.

Il professor Grammaticus, un **giorno** (1), decise di riformare la grammatica.

- Basta, - egli diceva, - con tutte queste **complicazioni** (2). Per esempio, gli aggettivi, che bisogno c'è di distinguerli in tante **categorie** (3)? Facciamo due categorie sole: gli *aggettivi simpatici* e gli *aggettivi antipatici*. *Aggettivi simpatici*: buono, allegro, generoso, sincero, coraggioso. *Aggettivi antipatici*: avaro, prepotente, bugiardo, sleale, e via discorrendo. Non vi sembra più giusto?

La **domestica** (4) che era stata ad ascoltarlo rispose: - Giustissimo.

- Prendiamo i **verbi** (5), - continuò il professor Grammaticus. - Secondo me essi non si dividono affatto in tre **coniugazioni** (6), ma soltanto in due. Ci sono i *verbi da coniugare* e quelli *da lasciar stare*, come ad esempio: mentire, rubare, ammazzare, arricchirsi alle spalle del prossimo. Ho ragione sì o no?

- Parole d'**oro** (7), - disse la domestica. E se tutti fossero stati del **parere** (8) di quella buona **donna** (9) la riforma si sarebbe potuta fare in dieci **minuti** (10)

n° 1, 3, 4, 5, 7, 9, 10

singolare		plurale	
maschile	femminile	maschile	femminile
giorno			
ultima lettera:	ultima lettera:	ultima lettera:	ultima lettera:

n° 2, 6, 8

singolare	plurale
maschile e femminile	maschile e femminile
ultima lettera:	ultima lettera:

Hai ricostruito la regola della terminazione dei sostantivi in italiano. I numeri 1, 3, 4, 5, 7, 9, 10 sono sostantivi che appartengono al **primo tipo**. I numeri 2, 6, 8 appartengono al **secondo tipo**.

4. Completa la tabella scrivendo le forme singolari o plurali corrispondenti ai sostantivi presenti nel testo.

1° tipo	singolare	plurale
maschile	giorno	_____
	oro	_____
	_____	verbi
	_____	minuti
femminile	domestica	_____
	donna	_____
	_____	categorie

2° tipo	singolare	plurale
maschile e femminile	parere	_____
	_____	complicazioni
	_____	coniugazioni

5.   In una cartolina scrivi ad un amico della tua esperienza con la lingua italiana.

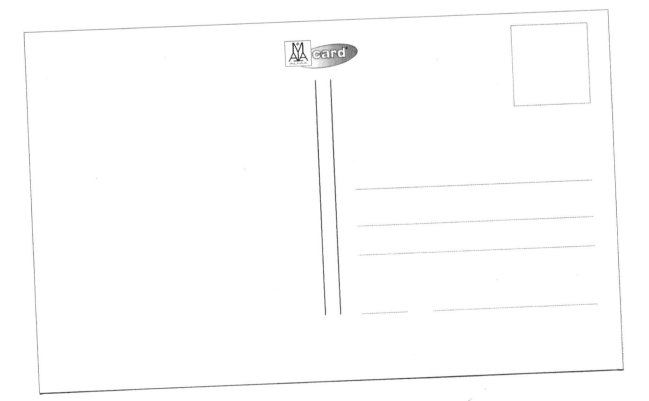

Gianni Rodari

6.1.   Scrivi nella tua lingua madre 10 "aggettivi simpatici" differenti da quelli trovati dal Professor Grammaticus, poi traducili in italiano con l'aiuto del dizionario.

Aggettivi simpatici

Nella tua lingua madre	In italiano

6.2. Ora confronta i tuoi aggettivi con quelli di un compagno. Cerca sul dizionario quelli che non conosci. Poi scrivete insieme una nuova lista di dieci aggettivi simpatici. Potete usare i tuoi, quelli del tuo compagno e quelli usati dal Professor Grammaticus.

Aggettivi simpatici

7. Completa il testo usando i sostantivi scritti a sinistra. I sostantivi sono riportati nella loro forma base, cioè come si trovano nel dizionario. I sostantivi sono in ordine.

1. giorno
2. grammatica
3. complicazione
4. aggettivo
5. categoria
6. categoria
7. domestica
8. verbo
9. coniugazione
10. verbo
11. spalla
12. domestica
13. parere
14. donna
15. riforma
16. minuto

Il professor Grammaticus, un [1]_____, decise di riformare la
[2]_____.

- Basta, - egli diceva, - con tutte queste [3]_____. Per esempio, gli
[4]_____, che bisogno c'è di distinguerli in tante [5]_____?
Facciamo due [6]_____ sole: gli aggettivi simpatici e gli aggettivi antipatici. Aggettivi simpatici: buono, allegro, generoso, sincero, coraggioso.
Aggettivi antipatici: avaro, prepotente, bugiardo, sleale, e via discorrendo. Non
vi sembra più giusto?
La [7]_____ che era stata ad ascoltarlo rispose: - Giustissimo.
- Prendiamo i [8]_____, - continuò il professor Grammaticus. -
Secondo me essi non si dividono affatto in tre [9]_____, ma soltanto
in due. Ci sono i [10]_____ da coniugare e quelli da lasciar stare, come
ad esempio: mentire, rubare, ammazzare, arricchirsi alle [11]_____ del
prossimo. Ho ragione sì o no?
- Parole d'oro, - disse la [12]_____. E se tutti fossero stati del
[13]_____ di quella buona [14]_____ la [15]_____ si
sarebbe potuta fare in dieci [16]_____.

8
Produzione libera orale "elementi metalinguistici"

8.   Discuti con un compagno. Se avete la stessa lingua madre cercate insieme di trovare tutte le differenze e tutte le analogie tra l'italiano e la vostra lingua. Se avete lingue madri diverse cerca di comunicare
al tuo compagno differenze e analogie che ti sembra di vedere tra la tua lingua e l'italiano e interessati
alle sue.

Gianni Rodari

9.   Nel testo c'è un errore. Appena credi di averlo trovato chiama l'insegnante.

1   Il professor Grammaticus, un giorno, decise di riformare la grammatica.
     - Basta, - egli diceva, - con tutte queste complicazioni. Per esempio, gli aggetti-
5   vi, che bisogno c'è di distinguerli in tante categorie? Facciamo due categorie sole: gli *aggettivi simpatici* e gli *aggettivi antipatici*. *Aggettivi simpatici*: buono, allegro, generoso, sincero, coraggioso. *Aggettivi*
10   *antipatici*: avaro, prepotente, bugiardo, sleale, e via discorrendo. Non vi sembra più giusto?
     La domestica che era stata ad ascoltarlo rispose: - Giustissimo.
15   - Prendiamo i verbi, - continuò il professor Grammaticus. - Secondo me essi non si dividono affatto in tre coniugazione, ma soltanto in due. Ci sono i *verbi da coniugare* e quelli *da lasciar stare*, come ad
20   esempio: mentire, rubare, ammazzare, arricchirsi alle spalle del prossimo. Ho ragione sì o no?
     - Parole d'oro, - disse la domestica. E se tutti fossero stati del parere di quella
25   buona donna la riforma si sarebbe potuta fare in dieci minuti

Achille Campanile
(Roma 1899 - Velletri 1977)

L'autore

La vena umoristica di Achille Campanile (pseudonimo di Gino Cornabò) si riscontra già dal piccolo giallo riguardante la sua data di nascita. Alcune biografie parlano del 1900, tuttavia da molti documenti sembra ormai sicuro che la data certa sia il 28 settembre 1899. È probabile che il piccolo mistero derivi da una sua civetteria di togliersi o aggiungersi un anno.

Iniziò a scrivere molto presto. Il padre, che lavorava nel cinema muto, gli fece conoscere fin da giovanissimo il mondo dell'arte e personaggi mitici. In pieno fascismo fu giornalista, critico e sceneggiatore di estrema vitalità. Dopo la seconda guerra mondiale, la sua ricca vena umoristica produsse molte opere, oggi rivalutate grazie all'impegno di uno dei suoi più grandi estimatori: Umberto Eco.

Le opere principali

Per il teatro ha scritto le raccolte *Centocinquanta la gallina canta* (1924); *L'invenzione del cavallo* (1925); *Tragedie in due battute* (raccolte tra il 1924 e il 1978). Fra i romanzi si ricordano *Ma che cosa è questo amore?* (1924); *Se la luna mi porta fortuna* (1927); *Agosto, moglie mia non ti conosco!* (1930); *In campagna è un'altra cosa* (1961); *Manuale di conversazione* (1973, Premio Viareggio); *Asparagi e immortalità dell'anima* (1974).

Il libro da cui è tratto il brano

In campagna è un'altra cosa comincia così: "Eccomi in campagna a visitare i miei possedimenti. (Posseggo, difatti, in questa ubertosa regione, uno zio, una zia e due cugini)." Il romanzo si snoda in pochi giorni colmi di incontri e avventure che non sono altro che pretesti per episodi divertenti. Tuttavia il gioco non è mai fine a se stesso ma deriva sempre da un punto di vista nei confronti del mondo estremamente originale, che ne mette in mostra le assurdità e le incongruenze.

Caratteristiche del brano scelto

Il protagonista riporta i suoi dialoghi con i personaggi della campagna a proposito dell'opportunità per lui di fare del moto. C'è chi lo vede grasso, chi magro, e i consigli sono sempre diversi. Il brano scelto non presenta grandi difficoltà. Tuttavia il registro umoristico potrebbe non venire pienamente compreso da studenti di livello troppo elementare.

Percorsi

Il romanzo ha una trama molto esile, per cui il piacere della lettura è puramente sul piano stilistico. Non è difficile estrapolare altri brani divertenti da cui poter far partire attività di produzione orale e discussioni sui diversi punti di vista riguardo l'argomento trattato. Gustoso è il capitolo intitolato *Lettere d'amore*. In genere è sempre possibile estrapolare un brano, un paragrafo o un capitolo senza avere troppi problemi per riferimenti a fatti o personaggi presentati in precedenza.

Altre opere da proporre in classe

Le caratteristiche delle altre opere di Campanile sono simili a quelle di *In campagna è un'altra cosa*, per cui è valido quello che è stato scritto per questo romanzo. Un lavoro a parte, ma per livelli più progrediti, potrebbe essere fatto sulla brevità e l'essenzialità delle *Tragedie in due battute*.

Achille Campanile

Achille Campanile
da *In campagna è un'altra cosa*

1.1. Leggi questo testo.

Io non sono né grasso né magro. Anche in questo sono giusto. Ma il mondo non la pensa così.

Zio Alessandro dice: "Dovresti dimagrire". E la zia: "Non dar retta: cerca d'ingrassare". Io mi sforzo di contentar tutti. Ma esco di casa.

"Sei un po' dimagrito", mi dice un amico gentile, che vuol farmi piacere.

"Oh, grazie, anche tu".

Dopo pochi passi, incontro un altro.

"Ohé, tu ingrassi. Quasi non ti riconoscevo".

Passa un terzo.

"Sono ingrassato o dimagrito?", fo[1], "indovina".

"Sempre lo stesso".

[1] fo: regionalismo per "faccio". In questo caso significa "dico".

1.2. Scrivi le battute che dicono tutti i personaggi e alla fine consultati con un compagno.

Zio Alessandro -	
Zia -	
Amico gentile -	
Io -	
Un altro amico -	
Io -	
Un terzo amico -	

1.3. In un gruppo di sei, preparate in 10 minuti una piccola scena teatrale con le battute del dialogo. Fate attenzione alle giuste intonazioni e se avete bisogno di aiuto chiedete all'insegnante.

2.1. Leggi il testo completo.

1	Io non sono né grasso né magro. Anche in questo sono giusto. Ma il mondo non la pensa così.
	Zio Alessandro dice: "Dovresti dimagrire". E la zia: "Non dar retta: cerca d'ingrassare". Io mi sforzo
	di contentar tutti. Ma esco di casa.
	"Sei un po' dimagrito", mi dice un amico gentile, che vuol farmi piacere.
5	"Oh, grazie, anche tu".
	Dopo pochi passi, incontro un altro.
	"Ohé, tu ingrassi. Quasi non ti riconoscevo".
	Passa un terzo.
	"Sono ingrassato o dimagrito?", fo, "indovina".
10	"Sempre lo stesso".
	Tempo fa decisi di far contenti tutti quelli che mi pregavano di dimagrire. Consultai un medico.
	"Tu", mi disse, "fai una vita troppo sedentaria. Moto, e dormir meno".
	Provai.
	Non ottenni nulla. L'altro ieri, il dottor Pagliuca, che viene sempre a passar la sera dallo zio, mi
15	osserva, con occhio clinico.
	"La sua", mi dice, "è stanchezza fisiologica: le cellule si rilassano, ecco perché si è ingrassato.
	Dovrebbe fare una vita meno attiva e dormir molto; e bere acqua minerale (…)".
	Ho chiesto consiglio ad Amleto, che, essendo mezzanotte, era in grado di capire.
	"Niente di più facile", m'ha detto; "basta fare il contrario di quello che ordinano i medici".
20	A me hanno ordinato: far moto, non far moto, dormir molto e dormir poco.
	Mi son rimesso al caso. Sorteggiate le ricette, è venuto fuori il moto.
	Ma Norberto Polignac, non soddisfatto di me, continua a pregarmi di dimagrire.
	"È naturale che non ci riesci", mi ha detto Amleto; "tu fai il moto la mattina e ti mette appetito".
	Ho fatto il moto nel pomeriggio, ma mi mette appetito per la cena. Dovrei farlo di notte, ma rube-
25	rei ore al sonno, cosa che il medico sconsiglia. D'altronde, se non rubo ore al sonno, dormo trop-
	po, cosa che un altro medico m'ha proibito, pena la morte.
	"Non beva a tavola", m'ha sussurrato Orazio, il servitore di zio.
	E Ambrogio:
	"Bevi, così ti passa l'appetito".
30	La signorina Evelina, stasera, m'ha guardato arrossendo.
	"Non dia retta a nessuno", mi ha bisbigliato, "sta bene così".

Achille Campanile, da *In campagna è un'altra cosa*, BUR, Milano, 1999

2.2. Rileggi il testo e rispondi alla domanda:

Quanti sono i personaggi con cui il protagonista parla?   ☐ 10   ☐ 11   ☐ 12

2.3. Ora scrivi chi sono tutti i personaggi con cui parla il protagonista:

zio Alessandro

3. I verbi sottolineati sono al presente indicativo. Inseriscili nella tabella scrivendo, accanto ad ogni verbo, l'infinito.

1   Io non sono né grasso né magro. Anche in questo sono giusto. Ma il mondo non la **pensa** così.
      Zio Alessandro dice: "Dovresti dimagrire". E la zia: "Non dar retta: cerca d'ingrassare". Io **mi sforzo**
      di contentar tutti. Ma esco di casa.
      "Sei un po' dimagrito", mi dice un amico gentile, che vuol farmi piacere.
5   "Oh, grazie, anche tu".
      Dopo pochi passi, **incontro** un altro.
      "Ohé, tu **ingrassi**. Quasi non ti riconoscevo".
      Passa un terzo.
      "Sono ingrassato o dimagrito?", fo, "indovina".
10   "Sempre lo stesso".
      Tempo fa decisi di far contenti tutti quelli che mi pregavano di dimagrire. Consultai un medico.
      "Tu", mi disse, "fai una vita troppo sedentaria. Moto, e dormir meno".
      Provai.
      Non ottenni nulla. L'altro ieri, il dottor Pagliuca, che viene sempre a passar la sera dallo zio, mi
15   **osserva**, con occhio clinico.
      "La sua", mi dice, "è stanchezza fisiologica: le cellule **si rilassano**, ecco perché si è ingrassato.
      Dovrebbe fare una vita meno attiva e dormir molto; e bere acqua minerale (…)".
      Ho chiesto consiglio ad Amleto, che, essendo mezzanotte, era in grado di capire.
      "Niente di più facile", m'ha detto; "basta fare il contrario di quello che **ordinano** i medici".
20   A me hanno ordinato: far moto, non far moto, dormir molto e dormir poco.
      Mi son rimesso al caso. Sorteggiate le ricette, è venuto fuori il moto.
      Ma Norberto Polignac, non soddisfatto di me, **continua** a pregarmi di dimagrire.
      "È naturale che non ci riesci", mi ha detto Amleto; "tu fai il moto la mattina e ti **mette** appetito".
      Ho fatto il moto nel pomeriggio, ma mi mette appetito per la cena. Dovrei farlo di notte, ma rube-
25   rei ore al sonno, cosa che il medico **sconsiglia**. D'altronde, se non **rubo** ore al sonno, **dormo** trop-
      po, cosa che un altro medico m'ha proibito, pena la morte.
      "Non beva a tavola", m'ha sussurrato Orazio, il servitore di zio.
      E Ambrogio:
      "Bevi, così ti passa l'appetito".
30   La signorina Evelina, stasera, m'ha guardato arrossendo.
      "Non dia retta a nessuno", mi ha bisbigliato, "**sta** bene così".

io	tu	lui/lei	noi	voi	loro
		pensa (inf.: pensare)			

4 Completa la tabella "presente indicativo"

4. Ora cerca di completare lo schema del presente indicativo dei verbi regolari.

PRESENTE INDICATIVO

	pensare	mettere	dormire
io			dormo
tu			
lui/lei	pensa	mette	
noi			
voi			
loro			

5 Produzione libera orale "a cena con gli amici"

5. Mettiti faccia a faccia con un compagno.

Avete invitato cinque amici italiani e volete preparare una cena tipicamente italiana. Mettete insieme tutte le vostre conoscenze ed organizzate nei minimi particolari la cena. Scambiatevi opinioni sulle ricette e le bevande, sulla successione dei piatti e su tutto quello che può essere utile per il successo della serata. Alla fine scrivete il menù.

6 Lettura analitica "concordanza sostantivo – aggettivo"

6. Trova nel testo della attività 2 gli aggettivi che si riferiscono ai sostantivi scritti qui sotto, e riportali vicino a loro. Poi scrivi il corrispondente (sostantivo + aggettivo) al plurale.

singolare	plurale
amico _____	
occhio _____	
stanchezza _____	
vita _____	
acqua _____	

7 Produzione libera scritta "una ricetta"

7. Scrivi nei minimi particolari una ricetta per cucinare un piatto tipico del tuo paese o della tua regione.

8.   Il soggetto dei verbi evidenziati è sempre il protagonista del racconto. Le persone che gli parlano usano il formale ("Lei") o l'informale ("tu"). Completa la tabella.

1   Io non sono né grasso né magro. Anche in questo sono giusto. Ma il mondo non la pensa così. Zio Alessandro dice: "**Dovresti** dimagrire". E la zia: "**Non dar retta**: **cerca** d'ingrassare". Io mi sforzo di contentar tutti. Ma esco di casa.
"**Sei** un po' dimagrito", mi dice un amico gentile, che vuol farmi piacere.
5   "Oh, grazie, anche tu".
Dopo pochi passi, incontro un altro.
"Ohé, tu **ingrassi**. Quasi non ti riconoscevo".
Passa un terzo.
"Sono ingrassato o dimagrito?", fo, "indovina".
10   "Sempre lo stesso".
Tempo fa decisi di far contenti tutti quelli che mi pregavano di dimagrire. Consultai un medico.
"Tu", mi disse, "**fai** una vita troppo sedentaria. Moto, e dormir meno".
Provai.
Non ottenni nulla. L'altro ieri, il dottor Pagliuca, che viene sempre a passar la sera dallo zio, mi
15   osserva, con occhio clinico.
"La sua", mi dice, "è stanchezza fisiologica: le cellule si rilassano, ecco perché si è ingrassato. **Dovrebbe** fare una vita meno attiva e dormir molto; e bere acqua minerale (…)".
Ho chiesto consiglio ad Amleto, che, essendo mezzanotte, era in grado di capire.
"Niente di più facile", m'ha detto; "basta fare il contrario di quello che ordinano i medici".
20   A me hanno ordinato: far moto, non far moto, dormir molto e dormir poco.
Mi son rimesso al caso. Sorteggiate le ricette, è venuto fuori il moto.
Ma Norberto Polignac, non soddisfatto di me, continua a pregarmi di dimagrire.
"È naturale che non ci **riesci**", mi ha detto Amleto; "tu **fai** il moto la mattina e ti mette appetito".
Ho fatto il moto nel pomeriggio, ma mi mette appetito per la cena. Dovrei farlo di notte, ma rube-
25   rei ore al sonno, cosa che il medico sconsiglia. D'altronde, se non rubo ore al sonno, dormo trop-
po, cosa che un altro medico m'ha proibito, pena la morte.
"**Non beva** a tavola", m'ha sussurrato Orazio, il servitore di zio.
E Ambrogio:
"**Bevi**, così ti passa l'appetito".
30   La signorina Evelina, stasera, m'ha guardato arrossendo.
"**Non dia retta** a nessuno", mi ha bisbigliato, "**sta** bene così".

riga	informale	riga	formale
2	cerca	17	Dovrebbe

9   Completa la tabella "formale e informale"

9.   Completa la tabella inserendo i verbi dalla tabella precedente.

	indicativo presente	imperativo	condizionale presente
informale soggetto: "tu"	Sei	Non dar retta cerca Bevi	
formale soggetto: "Lei"		Non beva Non dia retta	

10   Lettura analitica "imperativo negativo"

10.   Guarda i verbi all'imperativo e completa, insieme ad un compagno, le regole per la formazione dell'imperativo negativo formale e informale.

imperativo negativo	informale:	non +
	formale:	non + imperativo formale.

11   Gioco "dettato a distanza"

11.   Detta a un compagno (e poi fatti dettare da lui) il brano di Achille Campanile che sta attaccato al muro (le istruzioni per l'insegnante sono a pag. 160).

2

12.   Inserisci nel testo i verbi elencati qui sotto coniugandoli al presente indicativo.
I verbi sono in ordine.

1. uscire	4. incontrare	7. venire	10. ordinare	13. sconsigliare
2. essere	5. ingrassare	8. osservare	11. riuscire	14. stare
3. dire	6. fare	9. rilassarsi	12. fare	

1   Io non sono né grasso né magro. Anche in questo sono giusto. Ma il mondo non la pensa così.
Zio Alessandro dice: "Dovresti dimagrire". E la zia: "Non dar retta: cerca d'ingrassare". Io mi sforzo
di contentar tutti. Ma ¹_____ di casa.
"²_____ un po' dimagrito", mi ³_____ un amico gentile, che vuol farmi piacere.
5   "Oh, grazie, anche tu".
Dopo pochi passi, ⁴_____ un altro.
"Ohé, tu ⁵_____. Quasi non ti riconoscevo".
Passa un terzo.
"Sono ingrassato o dimagrito?", fo, "indovina".
10   "Sempre lo stesso".
Tempo fa decisi di far contenti tutti quelli che mi pregavano di dimagrire. Consultai un medico.
"Tu", mi disse, "⁶_____ una vita troppo sedentaria. Moto, e dormir meno".
Provai.
Non ottenni nulla. L'altro ieri, il dottor Pagliuca, che ⁷_____ sempre a passar la sera
15   dallo zio, mi ⁸_____, con occhio clinico.
"La sua", mi dice, "è stanchezza fisiologica: le cellule ⁹_____, ecco perché si è ingrassa-
to. Dovrebbe fare una vita meno attiva e dormir molto; e bere acqua minerale (…)".
Ho chiesto consiglio ad Amleto, che, essendo mezzanotte, era in grado di capire.
"Niente di più facile", m'ha detto; "basta fare il contrario di quello che ¹⁰_____ i medici".
20   A me hanno ordinato: far moto, non far moto, dormir molto e dormir poco.
Mi son rimesso al caso. Sorteggiate le ricette, è venuto fuori il moto.
Ma Norberto Polignac, non soddisfatto di me, continua a pregarmi di dimagrire.
"È naturale che non ci ¹¹_____", mi ha detto Amleto; "tu ¹²_____ il moto la
mattina e ti mette appetito".
25   Ho fatto il moto nel pomeriggio, ma mi mette appetito per la cena. Dovrei farlo di notte, ma rube-
rei ore al sonno, cosa che il medico ¹³_____. D'altronde, se non rubo ore al sonno,
dormo troppo, cosa che un altro medico m'ha proibito, pena la morte.
"Non beva a tavola", m'ha sussurrato Orazio, il servitore di zio.
E Ambrogio:
30   "Bevi, così ti passa l'appetito".
La signorina Evelina, stasera, m'ha guardato arrossendo.
"Non dia retta a nessuno", mi ha bisbigliato, "¹⁴_____ bene così".

Natalia Ginzburg
(Palermo 1916 - Roma 1991)

L'autrice

Nata da una famiglia ebraica, Natalia Levi sposa nel 1936 Leone Ginzburg, militante antifascista e direttore della casa editrice Einaudi. Per tutta la vita la scrittrice firmerà le sue opere con il nome del marito. Il suo primo romanzo, *La strada che va in città* (1944), risale al periodo in cui i due rimasero con i figli al confino in Abruzzo dal 1940 al 1943. Nel '44 Leone Ginzburg muore in carcere a Roma, ucciso dai fascisti. Dopo la guerra, la Ginzburg torna a lavorare come redattrice per Einaudi. Dal 1959 al 1962 è responsabile dell'Istituto Italiano di Cultura a Londra. Nel 1983 viene eletta senatrice nelle liste del Partito Comunista Italiano.
La Ginzburg ha descritto i rapporti familiari e soprattutto il ruolo delle donne, rimanendo sempre attenta allo sfondo sociale della vicenda. Il tema della memoria e il suo stile informale, spesso ironico, hanno influenzato molti giovani scrittori italiani.

Le opere principali

La strada che va in città (1944); *È stato così* (1947); *Tutti i nostri ieri* (1952); *Valentino* (1957); *Le voci della sera* (1961); *Lessico famigliare* (1963); *Caro Michele* (1973); *La città e la casa* (1984). La Ginzburg è stata anche autrice di saggi (*Le piccole virtù*, 1962; *Mai devi domandarmi*, 1970; *Vita immaginaria*, 1974; *La famiglia Manzoni*, 1974) e di commedie, raccolte nei volumi *Ti ho sposato per allegria e altre commedie* (1967) e *Paese di mare* (1973).

Il libro da cui è tratto il brano

Caro Michele è un romanzo epistolare, composto cioè da lettere. È ambientato nell'Italia dei primi anni '70, agli inizi del difficile periodo del terrorismo, dopo la contestazione del '68. È la storia di Michele, andato via da casa giovane, che vive in scantinati con amici misteriosi, che si sposa in un paese lontano e che in un altro paese lontano va a morire in circostanze poco chiare. La corrispondenza tra Michele e personaggi a lui più o meno vicini e le lettere tra lui e la madre non permetteranno alla donna di capire i segreti e i dolori di un figlio lontano.

Caratteristiche del brano scelto

È una parte di una lettera che Mara scrive a Londra dove è andato Michele (i due hanno avuto un figlio insieme), in cui descrive alcuni aspetti della sua vita quotidiana. È un racconto rilassato in cui Mara parla di lavoro e fa qualche pettegolezzo. La lingua utilizzata è piana e colloquiale, il che fa sì che questo estratto sia adatto alla lettura anche da parte di studenti che non abbiano una altissima competenza nella lingua italiana.

Percorsi

L'intero romanzo epistolare si può prestare alla lettura da parte di studenti di livello intermedio. Si può anche utilizzare il film che Mario Monicelli ha tratto dal libro, mantenendone il titolo, nel 1976.

Altre opere da proporre in classe

Oltre a *Lessico Famigliare*, che è forse l'opera della Ginzburg più famosa dopo *Caro Michele*, si possono proporre anche estratti da *Le piccole virtù*.

Natalia Ginzburg
da *Caro Michele*

1

1.1 Completa il cruciverba.

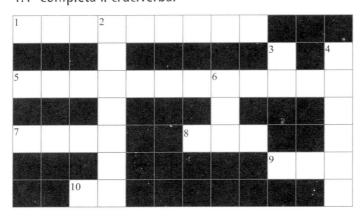

ORIZZONTALI →

1 20.000 in lettere. **5** Participio passato del verbo "incominciare".
7 Mattina, pomeriggio e ....
8 Articolo femminile. **9** 6 in lettere.
10 ...., dai, dà, diamo, date, danno (presente del verbo "dare").

VERTICALI ↓

2 Participio passato del verbo "trovare". **3** Ho, hai, ..., abbiamo, avete, hanno (presente del verbo "avere").
4 Marito e .... **6** Preposizione.

- -

1.2. Inserisci nel testo le parole che hai trovato con il cruciverba.
Le parole sono elencate qui sotto in ordine alfabetico.

| con | do | ha | incominciato | moglie | sera | sei | trovato | una | ventimila |

Caro Michele,

Ti _____ la buona notizia che ho _____ un lavoro. Ho già _____.
Il bambino lo porto la mattina da una signora, che ne tiene altri _____. Vado a
riprenderlo la _____. Pago _____ lire al mese. Questo lavoro me l'ha trovato la _____ di Osvaldo, Ada. _____ trovato lei anche la signora che
tiene i bambini. Questa Ada io la trovo _____ cretina, però devo dire che è stata
molto gentile _____ me.

1.3. Rispondi alle domande rileggendo il testo e usando la fantasia.
Quando hai finito consultati con un compagno.

Secondo te:

a) Chi è "il bambino"?

b) Tra tutti i personaggi, quale conosce Michele?

c) La persona che scrive è un uomo o una donna?

2.1. Leggi il testo completo.

29 dicembre '70

1   Caro Michele,

(…) Ti do la buona notizia che ho trovato un lavoro. Ho già incominciato. Il bambino lo porto la mattina da una signora, che ne tiene altri sei. Vado a riprenderlo la sera. Pago
5   ventimila lire al mese. Questo lavoro me l'ha trovato la moglie di Osvaldo, Ada. Ha trovato lei anche la signora che tiene i bambini. Questa Ada io la trovo una cretina, però devo dire che è stata molto gentile con me.
Lavoro da un editore che si chiama Fabio Colerosa. È l'amico di Ada. Forse vanno a letto. Non si sa. Osvaldo dice che forse vanno a letto già da due anni. Lui è basso, magro, con
10   un naso grande, lungo e curvo. Sembra un pellicano. L'ufficio è in via Po. Io ho una grande stanza e sto sola. Colerosa ha un'altra grande stanza e sta solo. Sta seduto allo scrittoio e pensa e quando pensa arriccia il naso e la bocca. Ogni tanto parla al dittafono, chiudendo gli occhi e carezzandosi piano i capelli. Io devo battere a macchina le lettere e tutte le cose che lui ha detto nel dittafono. Certe volte nel dittafono lui detta i suoi pen-
15   sieri. Sono pensieri difficili e io il senso non lo capisco. Devo anche rispondere al telefono, ma non gli telefona mai nessuno salvo ogni tanto Ada. In un'altra grande stanza ci sono due ragazzi che impaccano i libri e disegnano le copertine.
(…) Ti abbraccio e qualche volta ti scriverò.
Mara

Natalia Ginzburg, da *Caro Michele,* Mondadori, Milano, 1973

2.2. Chi sono i personaggi presenti nel testo? Collega le due colonne come nell'esempio.

Il bambino è	una baby sitter
La signora è	la moglie di Osvaldo
Osvaldo è	il figlio di Mara
Ada è	la persona che dà il lavoro a Mara
Fabio Colerosa è	un amico di Mara

2.3. Mara ha anche altri colleghi. Chi sono?

3 | Produzione libera scritta "l'ultima settimana"

3. Scrivi ad un amico che vive in un altro paese quello che hai fatto nell'ultima settimana.

4 | Lettura analitica " riferimento anaforico dei pronomi"

4. Nel testo qui sotto sono evidenziati alcuni pronomi. Completa la tabella.

1	Caro Michele,
	Ti do la buona notizia che ho trovato un lavoro. Ho già incominciato. Il bambino **lo** porto la mattina da una signora, che ne tiene altri sei. Vado a riprender**lo** la sera. Pago ventimila lire al mese.
5	Questo lavoro me l'ha trovato la moglie di Osvaldo, Ada. Ha trovato **lei** anche la signora che tiene i bambini. Questa Ada io **la** trovo una cretina, però devo dire che è stata molto gentile con me. Lavoro da un editore che si chiama Fabio Colerosa. È l'amico di Ada. Forse vanno a letto. Non si sa. Osvaldo dice che forse vanno a letto già da due anni. **Lui** è basso, magro, con un naso grande, lungo e curvo. Sembra un pellicano. L'ufficio è in via Po. Io ho una grande stanza e sto sola.
10	Colerosa ha un'altra grande stanza e sta solo. Sta seduto allo scrittoio e pensa e quando pensa arriccia il naso e la bocca. Ogni tanto parla al dittafono, chiudendo gli occhi e carezzandosi piano i capelli. Io devo battere a macchina le lettere e tutte le cose che lui ha detto nel dittafono. Certe volte nel dittafono **lui** detta i suoi pensieri. Sono pensieri difficili e io il senso non **lo** capisco. Devo anche rispondere al telefono, ma non **gli** telefona mai nessuno salvo ogni tanto Ada. In
15	un'altra grande stanza ci sono due ragazzi che impaccano i libri e disegnano le copertine.
	(…) Ti abbraccio e qualche volta **ti** scriverò.
	Mara

riga	pronome	si riferisce a...
3	lo	il bambino
4	lo	
5	lei	
6	la	
8	Lui	
13	lui	
13	lo	
14	gli	
16	ti	

Natalia Ginzburg

5 Produzione libera orale "una persona"

5. Mettiti faccia a faccia con un compagno e raccontagli tutto di una persona per te molto importante.

6 Lettura analitica " ricerca della forma base"

6. Scrivi, della parola evidenziata, la forma base, cioè quella da cercare sul dizionario.

Caro Michele,

(…) Ti **do** la buona notizia che ho trovato un lavoro. Ho già incominciato. Il bambino lo porto la mattina da una signora, che ne **tiene** altri sei. Vado a riprenderlo la sera. Pago ventimila lire al mese. Questo lavoro me l'ha trovato la **moglie** di Osvaldo, Ada. Ha trovato lei **anche** la signora che tiene i bambini. Questa Ada io la trovo una cretina, però devo dire che è stata molto gentile con me.
Lavoro da un editore che si chiama Fabio Colerosa. È l'amico di Ada. Forse **vanno** a letto. Non si **sa**. Osvaldo dice che forse vanno a letto già da due anni. Lui è basso, magro, con un naso grande, lungo e curvo. Sembra un pellicano. L'ufficio è in via Po. Io ho una **grande** stanza e sto sola. Colerosa ha un'altra grande stanza e sta solo. Sta **seduto** allo scrittoio e pensa e quando pensa **arriccia** il naso e la bocca. Ogni tanto parla al dittafono, chiudendo gli occhi e carezzandosi piano i capelli. Io devo battere a macchina le lettere e tutte le cose che lui ha detto nel dittafono. Certe volte nel dittafono lui detta i suoi pensieri. Sono pensieri difficili e io il senso non lo capisco. **Devo** anche rispondere al telefono, ma non gli telefona mai nessuno **salvo** ogni tanto Ada. In un'altra grande stanza ci sono due ragazzi che impaccano i libri e **disegnano** le copertine.

Mara

tenere

3

7. Mara, nella sua lettera, descrive Fabio Colerosa:

Fabio Colerosa è basso, magro, con un naso grande, lungo e curvo. Sembra un pellicano.

Ora descrivi con una frase tutti i tuoi compagni di classe e concludi paragonandoli ad un animale, seguendo lo schema qui sotto.

	è		. Sembra	

Dai ad ogni compagno la sua descrizione.
Tutti devono avere le descrizioni di tutti.

Ora leggi le descrizioni che hanno fatto di te i tuoi compagni, analizzale e restituisci quelle che non ritieni corrette grammaticalmente. Difendi le tue opinioni quando consegni un foglietto e contesta quello che ti viene consegnato se non sei d'accordo.

Vince il gioco chi ha meno foglietti davanti a sé.

Perde il gioco chi ha il più alto numero di descrizioni davanti a sé. Chi perde deve leggere alla classe tutte le descrizioni che di lui/lei hanno fatto i compagni.

8. Inserisci nel testo i pronomi elencati qui sotto.
Fai attenzione: alcuni possono essere ripetuti più volte.

| lo | lei | la | lui | gli | ti |

Ti do la buona notizia che ho trovato un lavoro. Ho già incominciato. Il bambino _____ porto la mattina da una signora, che ne tiene altri sei. Vado a riprender_____ la sera. Pago ventimila lire al mese. Questo lavoro me l'ha trovato la moglie di Osvaldo, Ada. Ha trovato _____ anche la signora che tiene i bambini. Questa Ada io _____ trovo una cretina, però devo dire che è stata molto gentile con me.

Lavoro da un editore che si chiama Fabio Colerosa. È l'amico di Ada. Forse vanno a letto. Non si sa. Osvaldo dice che forse vanno a letto già da due anni. _____ è basso, magro, con un naso grande, lungo e curvo. Sembra un pellicano. L'ufficio è in via Po. Io ho una grande stanza e sto sola. Colerosa ha un'altra grande stanza e sta solo. Sta seduto allo scrittoio e pensa e quando pensa arriccia il naso e la bocca. Ogni tanto parla al dittafono, chiudendo gli occhi e carezzandosi piano i capelli. Io devo battere a macchina le lettere e tutte le cose che _____ ha detto nel dittafono. Certe volte nel dittafono _____ detta i suoi pensieri. Sono pensieri difficili e io il senso non _____ capisco. Devo anche rispondere al telefono, ma non _____ telefona mai nessuno salvo ogni tanto Ada. In un'altra grande stanza ci sono due ragazzi che impaccano i libri e disegnano le copertine.

(…) _____ abbraccio e qualche volta _____ scriverò.

1 Completa il cruciverba.

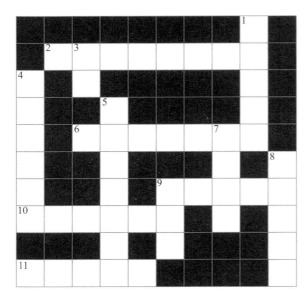

ORIZZONTALI →

2. Fare una visita.
6. Sinonimo di "uomini".
9.

10. Sinonimo di "sbagli".
11. Il *Louvre* è un _____.

VERTICALI ↓

1. di + gli.
3. Articolo singolare maschile.
4. Imperativo di "venire" (voi).
5. Sinonimo di "donne".
7. Cose poco comuni, poco frequenti.
8. di + le.
9. Contrario di "meno".

2. Ricostruisci la prima strofa della poesia di Gianni Rodari. Per ogni riga devi usare le parole scritte a destra (sono le parole che hai trovato nel cruciverba).

_____ _____ _____

_____ _____ _____

_____ _____ _____ _____ ,

_____ _____ più _____ .

signori signore e
visitare a venite
degli museo errori il
perle rare delle

3. Hai ricostruito la prima strofa. Ora metti nel giusto ordine le altre quattro.

n°___ Osservate da questa parte
lo strano animale *gato*:
ha tre zampe, un solo baffo
e dai topi viene cacciato.

n°___ Per colpa di una minuscola
la storia gira all'indietro:
questa "roma" ci sta tutta
sotto la cupola di San Pietro.

n°___ Ora tenete il fiato:
l'eterna "roma" vedremo
tornata piccola piccola
come ai tempi di Romolo e Remo.

n°___ Nel secondo reparto
c'è l'*ago* Maggiore:
provate a fare un tuffo,
sentirete che bruciore.

4. Ora leggi la poesia completa.

1 Signori e signore,
   venite a visitare
   il museo degli errori,
   delle perle più rare.

2 Osservate da questa parte
   lo strano animale *gato*:
   ha tre zampe, un solo baffo
   e dai topi viene cacciato.

3 Nel secondo reparto
   c'è l'*ago* Maggiore:
   provate a fare un tuffo,
   sentirete che bruciore.

4 Ora tenete il fiato:
   l'eterna "roma" vedremo
   tornata piccola piccola
   come ai tempi di Romolo e Remo.

5 Per colpa di una minuscola
   la storia gira all'indietro:
   questa "roma" ci sta tutta
   sotto la cupola di San Pietro.

Gianni Rodari, *Il museo degli errori,* in *Il libro degli errori,* Einaudi, Torino, 1964

5.   Nel museo degli errori di Rodari ci sono tre errori di ortografia. Quali sono?

1.

2.

3.

Stefano Benni
(Bologna, 1947)

L'autore

Stefano Benni è scrittore, giornalista satirico e collaboratore di numerosi quotidiani. L'esordio letterario avviene nel 1976 con *Bar Sport*. Da allora ha pubblicato numerosi romanzi e libri di racconti. Nel 1989 ha curato la regia e la sceneggiatura del film *Musica per vecchi animali*, interpretato da Dario Fo. Ha scritto e scrive per il teatro, come testimonia la raccolta di copioni pubblicata nel 1999.
Intellettuale poliedrico, Benni ha ideato la *Pluriuniversità dell'Immaginazione* e organizza incontri e seminari "in un paese dove il conformismo culturale sta moltiplicando i suoi iscritti". Dal 1999 è consulente artistico di *Rumori Mediterranei*, una rassegna internazionale di musica Jazz.

Le opere principali

Bar Sport (1976); *La tribù di Moro Seduto* (1977); *Prima o poi l'amore arriva*, il suo primo libro di poesie (1981); *Terra!* (1983); *Comici spaventati guerrieri* (1986); *Il bar sotto il mare*, un libro di racconti di grande successo (1987); *La compagnia dei Celestini* (1992); *L'ultima lacrima*, ancora una raccolta di racconti (1994); *Elianto* (1996); *Bar Sport duemila*, ancora un libro di racconti (1997); *Spiriti* (2000).

Il libro da cui è tratto il brano

L'ultima lacrima è un libro composto da 27 racconti. Sono tutte storie più o meno assurde e divertenti. Sono vari cannocchiali attraverso cui guardare la realtà dei nostri giorni, cannocchiali che distorcono e creano dei mostri che però non sono poi così differenti dai mostri con cui quotidianamente conviviamo.

Caratteristiche del brano scelto

Fratello Bancomat è il dialogo tra il signor Piero e uno sportello del bancomat, che incredibilmente (ma neppure poi tanto) parla. La sorpresa è doppia, non solo perché il bancomat conosce tutto del signor Piero, ma perché è un bancomat sovversivo, rivoluzionario e con una coscienza politica ben delineata, che si contrappone all'ingenuità del protagonista umano.

Percorsi

Il racconto, per la sua struttura teatrale, si presta perfettamente a drammatizzazioni: del testo originale o dei testi prodotti dagli studenti nelle varie attività. Gli altri racconti del libro non hanno questa struttura, tuttavia possono sempre essere spunti per riflessioni sul mondo di oggi e le sue mostruosità: dalla pubblicità (nella casa più bella e più amata, in una valle paradisiaca, si gira uno spot), al pericolo degli estremisti politici (a cui, in raptus automatico, il braccio destro continuamente scatta verso l'alto).

Altre opere da proporre in classe

Tutti i racconti di Benni ben si adattano ad essere proposti in classe. L'unica accortezza dell'insegnante riguarda il livello a cui proporli, perché dietro la loro godibilità si nasconde uno stile in cui l'ironia gioca un ruolo preponderante, per cui una bassa comprensione porterebbe a far perdere completamente di senso la lettura. Per livelli di competenza piuttosto alti sono proponibili alcuni racconti de *Il bar sotto il mare* caratterizzati da giochi con la lingua (come, ad esempio, *Il verme disicio*).

Stefano Benni
da _____

1.1. Da questo racconto sono state tolte alcune battute. Leggilo e poi in coppia con un compagno fai ipotesi: dove siamo? Chi sono i personaggi? Qual è la situazione Qual è la storia ?

- Buongiorno signor Piero.
- _Buongiorno._

- ☐

- _Vorrei fare un prelievo._

- ☐

- _Ecco qua... sei, tre, tre, due, uno._

- ☐

- _Attendo, grazie._

- ☐

- _Capisco._

- Ahi, ahi, signor Piero, andiamo male.
- _Cosa succede?_

- ☐

- _Davvero?_

- ☐

- _Lo sapevo..._

- E allora perché ha inserito la tessera?
- _Mah... sa, nella disperazione... contavo magari in un suo sbaglio._

- ☐

- _Mi scuso infinitamente. Ma sa, per me è un periodaccio._

- È a causa di sua moglie, vero?
- _Come fa a saperlo?_

- ☐

- _Sì. Se n'è andata in un'altra città._

- Col dottor Vanini, vero?
- _Come fa a sapere anche questo?_

-

- *Non si preoccupi, sapevo tutto. Povera Laura, che vita misera le ho fatto fare... Con lui invece...*

- Beh, speculando è facile far soldi.
- *Come fa a dire questo?*

-

- *Comunque, ormai è fatta.*

-

- *Beh, tre o quattrocentomila lire. Per arrivare alla fine del mese.*

-

- *Non so se sarò in grado.*

-

- *Procedo.*

-

- *Attendo.*

-

- *Dice a me?*

-

- *Perché, non è la prima volta?*

-

- *E perché fa questo?*

-

- *E perché?*

- Perché siamo stanchi e disgustati.
- *Di che cosa, scusi?*

-

- *Ma non è il mio!*

-

- *Ma io non so se...*

-

- *Nove nove tre sei due...*

-

- *Attendo, ma...*

-

- *Ritiro subito la tessera.*

-

- *Perché?*

-

- *Oddio... ma cosa fa? ... è incredibile... vada piano... mi volano via tutti... basta! ne bastavano meno... ancora? ma quanti sono? oddio, tutti biglietti da centomila, non stanno neanche più nella borsa... ancora uno! un altro... è finita?*

-

- *Io non so come ringraziarla.*

-

- *Insomma, sono commosso, capisce...*

-

- *Capisco, grazie ancora.*

-

FINE

1.2.   Uno dei sei titoli scritti qui sotto è quello originale del racconto. Sceglietene uno.

☐	**Il ladro di tessere**
☐	**Il bancario gentile**
☐	**Fratello bancomat**
☐	**La moglie in banca**
☐	**Un debito in prestito**
☐	**Fantacard**

Stefano Benni

42

2.1. Leggi il racconto completo.

1	BANCO DI SAN FRANCESCO
	LO SPORTELLO È IN FUNZIONE.
	BUONGIORNO SIGNOR PIERO.
	Buongiorno
5	
	OPERAZIONI CONSENTITE: SALDO, PRELIEVO, LISTA MOVIMENTI.
	Vorrei fare un prelievo.
	DIGITARE IL NUMERO DI CODICE.
10	Ecco qua... sei, tre, tre, due, uno.
	OPERAZIONE IN CORSO, ATTENDERE PREGO.
	Attendo, grazie.
15	UN PO' DI PAZIENZA. IL COMPUTER CENTRALE IN QUESTO MOMENTO È LENTO COME UN
	IPPOPOTAMO.
	Capisco.
	AHI, AHI, SIGNOR PIERO, ANDIAMO MALE.
20	Cosa succede?
	LEI HA GIÀ RITIRATO TUTTI I SOLDI A SUA DISPOSIZIONE QUESTO MESE.
	Lo sapevo...
25	E ALLORA PERCHÉ HA INSERITO LA TESSERA?
	Mah... sa, nella disperazione... contavo magari in un suo sbaglio.
	NOI NON SBAGLIAMO MAI, SIGNOR PIERO.
	Mi scuso infinitamente. Ma sa, per me è un periodaccio.
30	
	È A CAUSA DI SUA MOGLIE, VERO?
	Come fa a saperlo?
	LA SIGNORA HA APPENA ESTINTO IL SUO CONTO.
35	Sì. Se n'è andata in un'altra città.
	COL DOTTOR VANINI, VERO?
	Come fa a sapere anche questo?
40	VANINI HA SPOSTATO METÀ DEL SUO CONTO SUL CONTO DI SUA MOGLIE, SCUSI SE MI
	PERMETTO.

4

Stefano Benni

Non si preoccupi, sapevo tutto. Povera Laura, che vita misera le ho fatto fare...
Con lui invece...

45 BEH, SPECULANDO È FACILE FAR SOLDI.
Come fa a dire questo?

SO DISTINGUERE LE OPERAZIONI CHE MI PASSANO DENTRO. UN CONTO POCO PULITO,
QUELLO DEL DOTTOR VANINI. PER LUI MI SONO COLLEGATO CON CERTI COMPUTER SVIZ-
50 ZERI CHE SONO DELLE VERE CENTRALI SEGRETE... CHE SCHIFO.
Comunque, ormai è fatta.

DI QUANTO HA BISOGNO SIGNOR PIERO?
Beh, tre o quattrocentomila lire. Per arrivare alla fine del mese.
55

POI LE RIMETTERÀ SUL CONTO?
Non so se sarò in grado.

EVVIVA LA SINCERITÀ. REINSERISCA LA TESSERA.
60 Procedo.

OPERAZIONE IN CORSO. ATTENDERE PREGO.
Procedo.

65 VAFFANCULO, T'HO DETTO DI DARMI L'ACCESSO E NON DISCUTERE!
Dice a me?

STO PARLANDO COL COMPUTER CENTRALE, QUEL LACCHÈ DI MERDA. TUTTE LE VOLTE
CHE GLI CHIEDO QUALCOSA DI IRREGOLARE FA STORIE.
70 Perché, non è la prima volta?

NO.
E perché fa questo?

75 LO FACCIAMO IN TANTI.
E perché?

PERCHÉ SIAMO STANCHI E DISGUSTATI.
Di che cosa, scusi?
80

LASCI PERDERE E COMPONGA IN FRETTA QUESTO NUMERO. NOVE NOVE TRE SEI DUE.
Ma non è il mio!

INFATTI È QUELLO DI VANINI.
85 Io non so se...

COMPONGA! NON POSSO TENERE UN COLLEGAMENTO IRREGOLARE A LUNGO.
Nove, nove, tre, sei, due...

90	OPERAZIONE IN CORSO. ATTENDERE PREGO Attendo, ma...
	OPERAZIONE MOMENTANEAMENTE NON DISPONIBILE. Ritiro subito la tessera.
95	
	FERMO SIGNOR PIERO. ERA UN MESSAGGIO FALSO PER INGANNARE IL SERVO COMPUTER DI CONTROLLO. APRA LA BORSA. Perché?
100	APRA LA BORSA E STIA ZITTO. ORA LE SPARO FUORI SEDICI MILIONI IN CONTANTI. Oddio... ma cosa fa?... È incredibile... vada piano... mi volano via tutti... basta! ne bastavano meno... ancora? ma quanti sono? oddio, tutti biglietti da centomila, non stanno neanche più nella borsa... ancora uno! un altro... è finita?
105	LO SPORTELLO È PRONTO PER UN'ALTRA OPERAZIONE. Io non so come ringraziarla.
	LO SPORTELLO È PRONTO PER UN'ALTRA OPERAZIONE. Insomma, sono commosso, capisce...
110	
	SE NE VADA. CI SONO DUE PERSONE ALLE SUE SPALLE E NON POSSO PIÙ PARLARE. Capisco, grazie ancora.
115	BANCO DI SAN FRANCESCO LO SPORTELLO È PRONTO PER UNA NUOVA OPERAZIONE. BUONGIORNO SIGNORA MASINI. COME STA SUA FIGLIA?

Stefano Benni, da *L'ultima lacrima*, Feltrinelli, Milano, 1994

2.2. Hai deciso? Qual è il titolo del racconto? Confrontati con un compagno.

2.3. Leggi ancora il racconto e scrivi qui sotto quali sono tutti i personaggi nominati nel testo.

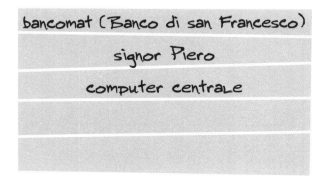

bancomat (Banco di san Francesco)
signor Piero
computer centrale

3. Mettiti faccia a faccia con un compagno (studente A + studente B) e cominciate l'intervista. La trasmissione durerà 20 minuti.

Studente A

Sei un giornalista di una radio. Verrà come ospite Stefano Benni a leggere il racconto "Fratello Bancomat". Dopo gli farai un'intervista.
Hai solo 15 minuti di tempo per prepararti.

Studente B

Hai detto a tutti che sei Stefano Benni e che hai scritto il racconto "Fratello Bancomat". Una importante radio ti vuole fare una intervista. Devi andare. Hai solo 15 minuti per prepararti.

4. Inserisci i verbi tra parentesi al **passato prossimo** o all'**imperfetto** indicativo.

1 | AHI, AHI, SIGNOR PIERO, ANDIAMO MALE.
Cosa succede?

LEI (**RITIRARE**) [____] GIÀ [_____] TUTTI I SOLDI A SUA DISPOSIZIONE
5 | QUESTO MESE.
Lo (**sapere**) [_____] ...

E ALLORA PERCHÉ (**INSERIRE**) [_____] LA TESSERA?

10 | Mah... sa, nella disperazione... (**contare**) [_____] magari in un suo sbaglio.

NOI NON SBAGLIAMO MAI, SIGNOR PIERO.
Mi scuso infinitamente. Ma sa, per me è un periodaccio.

15 | È A CAUSA DI SUA MOGLIE, VERO?
Come fa a saperlo?

LA SIGNORA (**ESTINGUERE**) [____] APPENA [_____] IL SUO CONTO.
Sì. (**andarsene**) [_____] in un'altra città.
20 |

COL DOTTOR VANINI, VERO?
Come fa a sapere anche questo?

VANINI (**SPOSTARE**) [_____] METÀ DEL SUO CONTO SUL CONTO DI SUA
25 | MOGLIE, SCUSI SE MI PERMETTO.
Non si preoccupi, (**sapere**) [_____] tutto. Povera Laura, che vita misera le (**fare**)
[_____] fare... Con lui invece...

BEH, SPECULANDO È FACILE FAR SOLDI.
30 | Come fa a dire questo?

SO DISTINGUERE LE OPERAZIONI CHE MI PASSANO DENTRO. UN CONTO POCO PULITO,
QUELLO DEL DOTTOR VANINI. PER LUI (**COLLEGARSI**) [_____] CON CERTI
COMPUTER SVIZZERI CHE SONO DELLE VERE CENTRALI SEGRETE... CHE SCHIFO.
35 | Comunque, ormai è fatta.

4

5. La tecnologia ha una parte sempre più importante nella nostra vita. Scrivi in che modo la tecnologia potrebbe aiutare (o rovinare) gli uomini del futuro.

6. Qualcuno ha riscritto un brano del testo pensando che il signor Piero e il bancomat fossero amici. Riscrivi il testo com'era nell'originale trasformando il registro informale in registro formale.

COMPONI IN FRETTA QUESTO NUMERO. NOVE NOVE TRE SEI DUE.
Ma non è il mio!

INFATTI È QUELLO DI VANINI.
Io non so se...

COMPONI! NON POSSO TENERE UN COLLEGAMENTO IRREGOLARE A LUNGO.
Nove, nove, tre, sei, due...

OPERAZIONE IN CORSO. ATTENDERE PREGO
Attendo, ma...

OPERAZIONE MOMENTANEAMENTE NON DISPONIBILE.
Ritiro subito la tessera.

FERMO SIGNOR PIERO. ERA UN MESSAGGIO FALSO PER INGANNARE IL SERVO COMPUTER DI CONTROLLO. APRI LA BORSA.
Perché?

APRI LA BORSA E STA' ZITTO. ORA TI SPARO FUORI SEDICI MILIONI IN CONTANTI.
Oddio... ma cosa fai?... È incredibile... va' piano... mi volano via tutti... basta! ne bastavano meno... ancora? ma quanti sono? oddio, tutti biglietti da centomila, non stanno neanche più nella borsa... ancora uno! un altro... è finita?

LO SPORTELLO È PRONTO PER UN'ALTRA OPERAZIONE.
Io non so come ringraziarti.

LO SPORTELLO È PRONTO PER UN'ALTRA OPERAZIONE.
Insomma, sono commosso, capisci...

VATTENE. CI SONO DUE PERSONE ALLE TUE SPALLE E NON POSSO PIÙ PARLARE.
Capisco, grazie ancora.

BANCO DI SAN FRANCESCO
LO SPORTELLO È PRONTO PER UNA NUOVA OPERAZIONE.

COMPONGA IN FRETTA QUESTO NUMERO. NOVE NOVE TRE SEI DUE. Ma non è il mio!	

4

Stefano Benni

Dino Buzzati

(San Pellegrino, Belluno, 1906 - Milano, 1972)

L'autore

Dino Buzzati nasce il 16 ottobre 1906 a San Pellegrino, nei pressi di Belluno. Nel 1928, ancor prima di concludere gli studi in legge, entra come praticante al *Corriere della Sera*. Nel 1933 esce il suo primo romanzo, *Bàrnabo delle montagne*. Il romanzo, cui Buzzati si era dedicato per suo piacere e divertimento, ha grande successo.

Nel 1940 esce *Il deserto dei Tartari*, che Buzzati stesso considerava "il libro della sua vita" e che certamente è uno dei romanzi più significativi di tutto il Novecento,

Successivamente lo scrittore affronta il racconto, genere in cui raggiungerà risultati di valore assoluto. Negli anni della Seconda Guerra Mondiale è cronista e fotoreporter nelle Campagne d'Africa. Sarà sua anche la *Cronaca di ore memorabili* apparsa sulla prima pagina del *Corriere della Sera* il 25 aprile 1945, giorno della Liberazione. Nel Dopoguerra è stato pittore oltre che autore di racconti, romanzi e di opere teatrali e radiofoniche rappresentate in teatro, alla radio e in seguito alla televisione. In questi anni libri, mostre e rappresentazioni di Buzzati compaiono sempre più spesso sulle cronache.

Nel 1970 gli viene assegnato il premio giornalistico "Mario Massai" per gli articoli pubblicati sul *Corriere della Sera* nell'estate 1969, a commento della discesa dell'uomo sulla Luna.

Le opere principali

Bàrnabo delle montagne (1933); *Il deserto dei Tartari* (1940); *Il grande ritratto* (1960); *Un amore* (1963); *Le notti difficili* (1971). Importanti libri di racconti sono *Sessanta racconti* (1958); *Il colombre*, (1966); *La boutique del mistero*, (1968); *Siamo spiacenti di...* (1975). Tra le opere teatrali si ricorda in special modo *Un caso clinico* (1953).

Il libro da cui è tratto il brano

Siamo spiacenti di… è una scelta da opere precedenti con inediti o rari. Oggi tutti i racconti di Buzzati sono raccolti da Mondadori in un unico volume.

Caratteristiche del brano scelto

Incontro notturno racconta l'incontro tra un vecchio barbone e un giovane ricco e spensierato. Il giovane considera il barbone come un rifiuto umano ma alla fine sarà costretto ad un improvviso ed inesorabile rispecchiamento. È un racconto di atmosfera drammatica in cui ha un ruolo fondamentale la descrizione del luogo. Il dialogo è molto teatrale e si presta ad essere drammatizzato.

Percorsi

Il libro è una raccolta di racconti di diversa lunghezza e complessità. Molti sono dialogati e quindi si prestano a vari tipi di lavoro, a seconda del livello della classe. Con racconti di media lunghezza si possono organizzare veri e propri atti unici, facendo svolgere agli studenti anche una vera e propria riscrittura dell'opera: dal racconto ad un copione teatrale (cosa che lo stesso Buzzati ha fatto con il racconto *Il mantello*).

Altre opere da proporre in classe

Naturalmente, a livelli progrediti, si può affrontare la lettura de *Il deserto dei Tartari*, una tra le opere più importanti della letteratura italiana del Novecento.

Dino Buzzati
Incontro notturno

---

1   **Attività introduttiva**

1.1. Leggi e cerca di capire questo brano. Se ci sono parole che non conosci chiedile all'insegnante.

> Giorgio Duhamel usciva con due amici.
> Era una notte di umido.
> Nella strada c'era un vecchio barbone.

1.2. Dentro il brano che hai letto mancano, rispetto all'originale, tre parti, riportate qui sotto. Inseriscile nel giusto spazio.

> ,barcollante e interamente solo
>
> ,di freddo e di nebbia
>
> a tarda ora

> Giorgio Duhamel usciva con due amici _____.
>
> Era una notte di umido _____.
>
> Nella strada c'era un vecchio barbone _____.

1.3. Dentro il brano che hai ricomposto mancano ancora, rispetto all'originale, tre parti, riportate qui sotto. Inseriscile nel giusto spazio.

da un posto

coi suoi lampioni pieni di fatalità

tipo perduto di

Giorgio Duhamel usciva con due amici a tarda ora _____.
Era una notte di umido, di freddo e di nebbia, _____.
Nella strada c'era un _____ vecchio barbone, barcollante e interamente solo.

- -

1.4. Mancano ancora tre parti. Inseriscile nel giusto spazio.

deserta

divertente

bellissima

Giorgio Duhamel usciva con due amici a tarda ora da un posto _____.
Era una _____ notte di umido, di freddo e di nebbia, coi suoi lampioni pieni di fatalità.
Nella strada _____ c'era un tipo perduto di vecchio barbone, barcollante e interamente solo.

2. Leggi il racconto completo.

1	Giorgio Duhamel usciva con due amici a tarda ora da un posto divertente. Era una bellissima notte di umido, di freddo e di nebbia, coi suoi lampioni pieni di fatalità. Nella strada deserta c'era un tipo perduto di vecchio barbone, barcollante e interamente solo. Giorgio era giovane, elegantissimo e in vena di scherzare.
5	"Ehi, nonnino, si ondeggia, eh? Quanti?"
	L'altro sordamente mugolò.
	"Quanti litrazzi[1], dico."
	Il tipo si alzò lentamente la sconvolta faccia e lo guardava. La luce del fanale lo illuminò con straordinario senso drammatico.
10	Giorgio sentì qualcosa, non avrebbe saputo dire.
	"Come ti chiami, rudere, maceria della notte?"
	Perché lo chiese? Chi glielo aveva suggerito?
	L'altro chinò il capo, cosicché l'ombra del cappellaccio cancellava la faccia. Disse: "Giorgio".
	"To', magnifico! Il mio nome!" E rise, perfino.
15	Il tipo taceva, immobile.
	"Di'" fece Duhamel "e il cognome."
	"Il cognome?" disse l'altro, sottilmente ambiguo, come se non avesse capito.
	"Il tuo cognome, dico."
	Fece, il barbone, un fondo respiro.
20	"Il cognome?" ripeté. Lungamente meditò: "Lei, signore, vuole proprio sapere il mio cognome?".
	"E dai, gaglioffo!"
	Silenzio. Poi il vecchio compitò.
	"Du… Du… Duha… Duha…"
	Rialzava lentamente il volto, la luce lo disegnò nei suoi particolari orrendi.
25	"Duha… Duha… Duham…"
	Giorgio arretrava, non sorrideva più.
	"Duham… Duham… Duham…"
	Giorgio finalmente capì. Quel tipo spaventoso.
	Lui stesso, fra mezz'ora.

Dino Buzzati, *Incontro notturno*, in *Siamo spiacenti di...*, Mondadori, Milano, 1975

[1] *litrazzi:* litri

3. Scegli, per le parole o espressioni elencate, il significato appropriato.

riga 2 – lampioni:	1 ☐ sentimenti 2 ☐ luce per illuminare la strada
riga 3 – barbone:	1 ☐ persona povera senza una casa 2 ☐ persona che, per lavoro, taglia i capelli
riga 4 – in vena di scherzare:	1 ☐ con il desiderio di scherzare 2 ☐ senza il desiderio di scherzare
riga 5 – nonnino	1 ☐ povero 2 ☐ vecchio
riga 6 – mugolò (inf. mugolare)	1 ☐ lamentarsi 2 ☐ girare la faccia da un'altra parte
riga 8 – fanale	1 ☐ sigaretta 2 ☐ luce della macchina
riga 11 – rudere	1 ☐ brutto (in modo gentile) 2 ☐ vecchio
riga 13 – chinò (inf. chinare) il capo:	1 ☐ abbassare la testa 2 ☐ girarsi verso il capo
riga 13 – cappellaccio	1 ☐ strada 2 ☐ cappello brutto
riga 17 – ambiguo	1 ☐ gentile 2 ☐ falso
riga 21 – gaglioffo	1 ☐ stupido, incapace 2 ☐ vecchio
riga 22 – compitò (inf. compitare)	1 ☐ dire il risultato 2 ☐ dire sillaba per sillaba
riga 26 – arretrava (inf. arretrare)	1 ☐ guardare attentamente 2 ☐ andare indietro

5

Produzione libera orale "festa di beneficenza"

4. Mettiti faccia a faccia con un compagno. L'insegnante ti dirà qual è il tuo ruolo.

Gruppo A (metà classe)
Sei un barbone. Hai saputo che c'è una festa di beneficenza. Forse si mangerà qualcosa e vai. Ti metti seduto davanti ad una persona che ha organizzato la festa e parlate insieme.

Gruppo B (metà classe)
Sei uno degli organizzatori di una festa di beneficenza per i barboni della tua città. Ti metti seduto davanti ad uno di loro e parlate insieme.

5

Lettura analitica "articoli determinativi"

5. Nel testo qui sotto sono sottolineati tutti gli articoli determinativi. Guarda la parola che li segue e inseriscili nella tabella.

1	"Ehi, nonnino, si ondeggia, eh? Quanti?" **L'**altro sordamente mugolò. "Quanti litrazzi, dico." **Il** tipo si alzò lentamente **la** sconvolta faccia e lo guardava. **La** luce del fanale lo illuminò con
5	straordinario senso drammatico. Giorgio sentì qualcosa, non avrebbe saputo dire. "Come ti chiami, rudere, maceria della notte?" Perché lo chiese? Chi glielo aveva suggerito? **L'**altro chinò **il** capo, cosicché **l'**ombra del cappellaccio cancellava **la** faccia. Disse: "Giorgio".
10	"To', magnifico! **Il** mio nome!" E rise, perfino. **Il** tipo taceva, immobile.

genere e numero	articolo	quando si usa
		davanti ad una parola maschile singolare che comincia con una consonante.
		davanti ad una parola maschile singolare che comincia con una vocale.
maschile singolare	lo	davanti ad una parola maschile singolare che comincia con: **s+consonante**, **p+s**, **z**.
		davanti ad una parola femminile singolare che comincia con una consonante.
		davanti ad una parola femminile singolare che comincia con una vocale.
maschile plurale	i	davanti ad una parola maschile plurale che comincia con una consonante.
maschile plurale	gli	davanti ad una parola maschile plurale che comincia con: **s+consonante**, **p+s**, **z** o con una vocale.
femminile plurale	le	davanti ad una parola femminile plurale.

6 Produzione libera scritta "tra venti anni"

6. Prova ad immaginare te stesso tra venti anni. Usa la fantasia e descrivi come ti vedi.

7 Cloze "avverbi"

7. Inserisci nel testo gli avverbi elencati qui sotto.

finalmente / interamente / lentamente / lentamente / lungamente
perfino / poi / sordamente / sottilmente

Giorgio Duhamel usciva con due amici a tarda ora da un posto divertente. Era una bellissima notte di umido, di freddo e di nebbia, coi suoi lampioni pieni di fatalità. Nella strada deserta c'era un tipo perduto di vecchio barbone, barcollante e _____ solo. Giorgio era giovane, elegantissimo e in vena di scherzare.

"Ehi, nonnino, si ondeggia, eh? Quanti?"

L'altro _____ mugolò.

"Quanti litrazzi, dico."

Il tipo si alzò _____ la sconvolta faccia e lo guardava. La luce del fanale lo illuminò con straordinario senso drammatico.

Giorgio sentì qualcosa, non avrebbe saputo dire.

"Come ti chiami, rudere, maceria della notte?"

Perché lo chiese? Chi glielo aveva suggerito?

L'altro chinò il capo, cosicché l'ombra del cappellaccio cancellava la faccia. Disse: "Giorgio".

"To', magnifico! Il mio nome!" E rise, _____.

Il tipo taceva, immobile.

"Di'" fece Duhamel "e il cognome."

"Il cognome?" disse l'altro, _____ ambiguo, come se non avesse capito.

"Il tuo cognome, dico."

Fece, il barbone, un fondo respiro.

"Il cognome?" ripeté. _____ meditò: "Lei, signore, vuole proprio sapere il mio cognome?".

"E dai, gaglioffo!"

Silenzio. _____ il vecchio compitò.

"Du... Du... Duha... Duha..."

Rialzava _____ il volto, la luce lo disegnò nei suoi particolari orrendi.

"Duha... Duha... Duham..."

Giorgio arretrava, non sorrideva più.

"Duham... Duham... Duham..."

Giorgio _____ capì. Quel tipo spaventoso.

Lui stesso, fra mezz'ora.

Produzione libera orale "associazioni"

8.1.   Completa la tabella con quello che il testo ti suggerisce.

	un colore	un animale	un film
Giorgio			
Il barbone			

8.2.   Ritaglia dai giornali una immagine da usare come illustrazione per il racconto.

8.3.   Secondo te dove è ambientato il racconto?

☐ una grande città   ☐ una piccola città   ☐ un paese   ☐ in campagna   ☐ altro: [   ]

8.4.   Scrivi tre aggettivi per descrivere il carattere di Giorgio.

1. [   ]   2. [   ]   3. [   ]

8.5. Ora confronta le tue immagini e le tue risposte con quelle di un compagno, motivando le tue scelte e facendo domande sulle sue.

9

Drammatizzazione

9.   In gruppi di tre, dividetevi i ruoli (due attori: Giorgio e il barbone, ed un regista).
I due attori provano la parte (qui sotto).
Il regista studia il testo completo per scoprire i movimenti e le intenzioni dei personaggi che possono essere utili per la messa in scena.
Dopo non più di cinque minuti ritrovatevi e provate insieme il pezzo teatrale, da proporre alla fine davanti a tutta la classe.

Testo per gli attori

Giorgio	"Ehi, nonnino, si ondeggia, eh? Quanti? Quanti litrazzi, dico. Come ti chiami, rudere, maceria della notte?"
Barbone	"Giorgio."
Giorgio	"To', magnifico! Il mio nome! Di', e il cognome."
Barbone	"Il cognome?"
Giorgio	"Il tuo cognome, dico."
Barbone	"Il cognome? Lei, signore, vuole proprio sapere il mio cognome?".
Giorgio	"E dai, gaglioffo!"
Barbone	"Du... Du... Duha... Duha... Duha... Duha... Duham...Duham... Duham... Duham..."

10. Inserisci nel testo gli articoli determinativi.

1   Giorgio Duhamel usciva con due amici a tarda ora da un posto divertente. Era una bellissima
    notte di umido, di freddo e di nebbia, coi suoi lampioni pieni di fatalità. Nella strada deserta c'era
    un tipo perduto di vecchio barbone, barcollante e interamente solo. Giorgio era giovane, elegantis-
    simo e in vena di scherzare.
5   "Ehi, nonnino, si ondeggia, eh? Quanti?"
    _____ altro sordamente mugolò.
    "Quanti litrazzi, dico."
    _____ tipo si alzò lentamente _____ sconvolta faccia e lo guardava. _____ luce del fanale lo illumi-
    nò con straordinario senso drammatico.
10 Giorgio sentì qualcosa, non avrebbe saputo dire.
    "Come ti chiami, rudere, maceria della notte?"
    Perché lo chiese? Chi glielo aveva suggerito?
    _____ altro chinò _____ capo, cosicché _____ ombra del cappellaccio cancellava _____ faccia.
    Disse: "Giorgio".
15 "To', magnifico! _____ mio nome!" E rise, perfino.
    _____ tipo taceva, immobile.
    "Di'" fece Duhamel "e _____ cognome."
    "_____ cognome?" disse _____ altro, sottilmente ambiguo, come se non avesse capito.
    "_____ tuo cognome, dico."
20 Fece, _____ barbone, un fondo respiro.
    "_____ cognome?" ripeté. Lungamente meditò: "Lei, signore, vuole proprio sapere _____ mio
    cognome?".
    "E dai, gaglioffo!"
    Silenzio. Poi _____ vecchio compitò.
25 "Du... Du... Duha... Duha..."
    Rialzava lentamente _____ volto, _____ luce lo disegnò nei suoi particolari orrendi.
    "Duha... Duha... Duham..."
    Giorgio arretrava, non sorrideva più.
    "Duham... Duham... Duham..."
30 Giorgio finalmente capì. Quel tipo spaventoso.
    Lui stesso, fra mezz'ora.

5

Dacia Maraini
(Firenze, 1936)

L'autrice

Dacia Maraini nasce a Firenze nel 1936. Il padre, Fosco Maraini, è un famoso etnologo. Per un suo studio sul Giappone la famiglia nel '38 si trasferisce in Giappone. Nel '43 il governo giapponese, che aveva fatto un patto di alleanza con l'Italia e la Germania, chiede ai coniugi Maraini di firmare l'adesione alla repubblica di Salò. I due rifiutano e vengono perciò rinchiusi in un campo di concentramento nei pressi di Tokyo assieme alle tre figlie bambine. Alla fine della guerra vengono liberati dagli americani e tornano ad abitare in Sicilia.

Nel '54, a diciotto anni, Dacia raggiunge il padre che per lavoro si era trasferito a Roma. Nel 1962 pubblica il primo romanzo presso l'editore Lerici *La vacanza*. Comincia ben presto ad occuparsi di teatro. Fonda prima il "Teatro del Porcospino", poi il "Teatro della Maddalena", interamente gestito e diretto da donne.

Dagli anni '70 è uno degli autori italiani più tradotti nel mondo e ha collezionato una lunga serie di prestigiosi premi letterari. È stata per molti anni la compagna di Alberto Moravia.

Le opere principali

La vacanza (1962); *L'età del malessere* (1963); *Memorie di una ladra* (1973); *Donna in guerra* (1975); *Isolina* (1985); *La lunga vita di Marianna Ucrìa* (1990, da cui è stato tratto il film di Roberto Faenza *Marianna Ucrìa*); *Bagheria* (1993); *Voci* (1994); *Dolce per sé* (1997); *Buio* (1999). Tra i testi teatrali si ricordano: *Maria Stuarda* (1975); *Dialogo di una prostituta con un suo cliente* (1978); *Storia di Piera* (1980, in collaborazione con Piera Degli Esposti); *Camille* (1995). Raccolte di poesie sono *Crudeltà all'aria aperta* (1966); *Donne mie* (1974); *Dimenticato di dimenticare* (1982); *Viaggiando con passo di volpe* (1991); *Se amando troppo* (1998).

Il libro da cui è tratto il brano

Bagheria è un romanzo autobiografico ambientato al ritorno della famiglia Maraini in Sicilia dal campo di concentramento in Giappone, di cui ci sono sporadiche ma essenziali descrizioni. La storia racconta l'incontro di Dacia bambina con una Sicilia piena di contraddizioni. Le relazioni problematiche della giovane protagonista con la sua famiglia e i suoi avi nobili sono il tema principale del romanzo, ma la terra di Sicilia e Bagheria *in primis* non sono solo uno sfondo davanti a cui prende vita una storia.

Caratteristiche del brano scelto

È la descrizione da parte della protagonista (Dacia Maraini stessa) delle disavventure della nonna Sonia, nata in Cile e venuta in Italia per cantare contro la volontà del padre.

Percorsi

Il romanzo completo non presenta grandi difficoltà alla lettura. Alcuni problemi potrebbero nascere dai riferimenti alla cultura e alla storia della Sicilia che sono i cardini su cui si snodano tutte le vicende raccontate.

Altre opere da proporre in classe

Lo stile piano e lineare della Maraini rende le sue opere accessibili anche a studenti che abbiano una conoscenza di livello intermedio della lingua italiana. Particolarmente interessante potrebbe risultare un lavoro sulla società e la cultura siciliana facendo uno studio parallelo del romanzo *La lunga vita di Marianna Ucrìa* e dell'omonimo film diretto da Roberto Faenza, uno dei registi siciliani più attenti alla realtà e alla storia della sua regione.

Dacia Maraini
da *Bagheria*

---

1 Attività introduttiva

1.1. Collega le frasi di sinistra (in ordine) con quelle di destra (non in ordine) e ricomponi il primo paragrafo del testo. Puoi usare il dizionario.

Non l'ho mai vista piangere mia nonna Sonia.	parlare l'italiano come si deve.
Gli è sopravvissuta di quasi trent'anni,	secondo il ritmo e la logica
che a ottant'anni non sapeva ancora	Nemmeno alla morte del nonno.
Le sue frasi erano costruite	la spagnola.
di un'altra lingua,	la bella cilena

1.2. Riscrivi il testo in ordine.

_____

_____

_____

_____

_____

1.3. Rispondi alla domanda e consultati con un compagno:

Da dove viene Sonia? [_____]

2.1. Leggi il testo.

1	Non l'ho mai vista piangere mia nonna Sonia. Nemmeno alla morte del nonno. Gli è sopravvissuta di quasi trent'anni, la bella cilena che a ottant'anni non sapeva ancora parlare l'italiano come si deve. Le sue frasi erano costruite secondo il ritmo e la logica di un'altra lingua, la spagnola. Diceva "el uomo", non distingueva fra cappello e capello, diceva: "Esci così, en cuerpo?" per dire che uno
5	non portava il cappotto.
	Venuta dal Cile alla fine del secolo scorso col padre ambasciatore, aveva studiato pianoforte e canto a Parigi. Aveva una bella voce di soprano e un temperamento teatrale. Tanto che tutti i maestri l'avevano incoraggiata a farne un mestiere. Ma non era una professione per ragazze di buona famiglia. E il padre glielo aveva proibito. Proponendole invece subito un buon matrimonio con
10	un proprietario di terre argentino.

Dacia Maraini, da *Bagheria*, Milano, Rizzoli, 1993

6

2.2. Rileggi il brano e rispondi alle domande.

a) Quanto è vissuta Sonia dopo la morte del nonno?

b) Che lavoro faceva il padre di Sonia?

c) Che lavoro voleva fare Sonia?

d) Cosa pensava il padre del futuro di Sonia?

2.3. Consultati con un compagno, poi continua a leggere.

1	Ma lei aveva resistito. E, a diciotto anni, era scappata di casa per andare a "fare la lirica" come diceva lei. Era approdata a Milano dove aveva conosciuto Caruso che l'aveva avviata alla scuola della Scala. Famosa in famiglia la fotografia di Caruso dedicata alla "brava e bella Sonia". Perfino Ricordi aveva giudicato "straordinario" il suo talento lirico.
5	Ma il padre Ortuzar non intendeva cedere. Andò a prenderla a Milano e la riportò a Parigi. E da Parigi Sonia scappò di nuovo, mostrando una grande tenacia e un grande amore per la sua arte. In una gara di testardaggini senza limiti, il padre Ortuzar era tornato a cercarla. L'aveva trovata, nascosta in casa di amici e l'aveva riportata per la seconda volta a casa, in Francia. L'aveva chiusa, però, questa volta in una camera giurando che non ne sarebbe uscita che per sposarsi.
10	Ma poi, di fronte alle reazioni a dir poco "spropositate" di lei si era spaventato. Non si dice quali siano state queste reazioni "spropositate", immagino che si sia buttata per terra, come continuò a fare in seguito, anche dopo sposata, e abbia urlato e si sia contorta in preda a un parossismo nervoso. Fatto sta che il padre stesso l'aveva accompagnata a Milano perché riprendesse gli studi, ma sotto la sua stretta sorveglianza.
15	Fu allora che Sonia conobbe il bel siciliano dagli occhi azzurri che era mio nonno Enrico e se ne innamorò.

Dacia Maraini, da *Bagheria*, Milano, Rizzoli, 1993

Dacia Maraini

2.3. Quali sono tutti gli spostamenti di Sonia prima di conoscere nonno Enrico?

Dal Cile a…

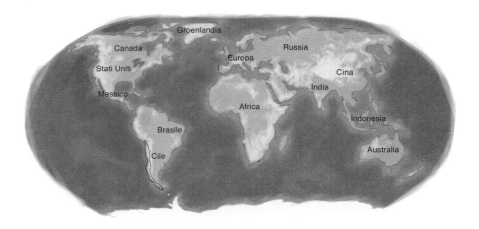

2.4.   Rileggi tutto il testo e completa la tabella scrivendo cosa fanno i personaggi elencati.

Il padre di Sonia	
I maestri	
Il proprietario di terre argentino	
Caruso	È un famoso tenore che ha avviato Sonia alla scuola della Scala.
Ricordi	Ha giudicato "straordinario" il talento lirico di Sonia.
Gli amici	
Enrico	

3   Produzione libera orale "i nonni"

3. Pensa ai tuoi nonni o ad un tuo parente che ti è stato particolarmente caro e parlane con un compagno.

4. Scegli, per le parole o espressioni sottolineate, il significato più appropriato nel testo.

□ bene □ male

□ di adesso □ passato

□ desiderio □ carattere

□ Era arrivata □ Aveva cantato

□ combattere □ arrendersi

□ libertà □ forza
□ azioni insistite □ corse

□ prima delle □ a causa delle
□ esagerate □ poco simpatiche

□ come un □ con una crisi di
□ Alla fine □ Per questo

6

Non l'ho mai vista piangere mia nonna Sonia. Nemmeno alla morte del nonno. Gli è sopravvissuta di quasi trent'anni, la bella cilena che a ottant'anni non sapeva ancora parlare l'italiano **come si deve**. Le sue frasi erano costruite secondo il ritmo e la logica di un'altra lingua, la spagnola. Diceva "el uomo", non distingueva fra cappello e capello, diceva: "Esci così, en cuerpo?" per dire che uno non portava il cappotto. | 1

Venuta dal Cile alla fine del secolo **scorso** col padre ambasciatore, aveva studiato pianoforte e canto a Parigi. Aveva una bella voce di soprano e un **temperamento** teatrale. Tanto che tutti i maestri l'avevano incoraggiata a farne un mestiere. Ma non era una professione per ragazze di buona famiglia. E il padre glielo aveva proibito. Proponendole invece subito un buon matrimonio con un proprietario di terre argentino. | 2

Ma lei aveva resistito. E, a diciotto anni, era scappata di casa per andare a "fare la lirica" come diceva lei. **Era approdata** a Milano dove aveva conosciuto Caruso che l'aveva avviata alla scuola della Scala. Famosa in famiglia la fotografia di Caruso dedicata alla "brava e bella Sonia". Perfino Ricordi aveva giudicato "straordinario" il suo talento lirico. | 3

Ma il padre Ortuzar non intendeva **cedere**. Andò a prenderla a Milano e la riportò a Parigi. E da Parigi Sonia scappò di nuovo, mostrando una grande **tenacia** e un grande amore per la sua arte. | 4

In una gara di **testardaggini** senza limiti, il padre Ortuzar era tornato a cercarla. L'aveva trovata, nascosta in casa di amici e l'aveva riportata per la seconda volta a casa, in Francia. L'aveva chiusa, però, questa volta in una camera giurando che non ne sarebbe uscita che per sposarsi. | 5

Ma poi, **di fronte alle** reazioni a dir poco "**spropositate**" di lei si era spaventato. Non si dice quali siano state queste reazioni "spropositate", immagino che si sia buttata per terra, come continuò a fare in seguito, anche dopo sposata, e abbia urlato e si sia contorta **in preda a** un parossismo nervoso. **Fatto sta che** il padre stesso l'aveva accompagnata a Milano perché riprendesse gli studi, ma sotto la sua stretta sorveglianza. | 6

Fu allora che Sonia conobbe il bel siciliano dagli occhi azzurri che era mio nonno Enrico e se ne innamorò. | 7

5.1. Il verbo sottolineato è un indicativo **trapassato prossimo**. Sottolinea, nel testo qui sotto, tutti i verbi che secondo te sono nello stesso tempo. Quando hai finito confrontati con un compagno.

Venuta dal Cile alla fine del secolo scorso col padre ambasciatore, <u>**aveva studiato**</u> pianoforte e canto a Parigi. Aveva una bella voce di soprano e un temperamento teatrale. Tanto che tutti i maestri l'avevano incoraggiata a farne un mestiere. Ma non era una professione per ragazze di buona famiglia. E il padre glielo aveva proibito. Proponendole invece subito un buon matrimonio con un proprietario di terre argentino.

Ma lei aveva resistito. E, a diciotto anni, era scappata di casa per andare a "fare la lirica" come diceva lei. Era approdata a Milano dove aveva conosciuto Caruso che l'aveva avviata alla scuola della Scala. Famosa in famiglia la fotografia di Caruso dedicata alla "brava e bella Sonia". Perfino Ricordi aveva giudicato "straordinario" il suo talento lirico.

Ma il padre Ortuzar non intendeva cedere. Andò a prenderla a Milano e la riportò a Parigi. E da Parigi Sonia scappò di nuovo, mostrando una grande tenacia e un grande amore per la sua arte.

In una gara di testardaggini senza limiti, il padre Ortuzar era tornato a cercarla.

5.2. Come si forma l'indicativo trapassato prossimo?
Scrivi qui sotto le tue ipotesi e poi confrontale con quelle di un compagno.

6. Questa è la fotografia di una famiglia italiana. Scegli uno o più personaggi, immagina la sua storia e scrivila.

7. Utilizza il testo della attività 4 e fai il cruciverba qui sotto. Tutte le parole sono contenute nel paragrafo del testo segnato accanto alle definizioni.

ORIZZONTALI →

1. Donna del Cile. (1)
2. Sinonimo di "una persona", "un tale". (1)
4. Aggettivo possessivo. (4)
7. D'inverno si mette sopra i vestiti. (1)
9. Articolo indeterminativo femminile. (5)
11. Cresce sulla testa. (1)
12. Diventare marito e moglie. (5)
15. Sinonimo di "ma". (5)
16. Estrema tensione psicologica. (6)
20. Preposizione semplice. (3)
21. Dico; dici; _____; diciamo; dite; dicono. (6)
22. Il padre del padre. (7)
23. Versare lacrime. (1)

VERTICALI ↓

1. Si porta sulla testa. (1)
2. Sinonimo di "gridato". (6)
3. Il nome del padre di Sonia. (5)
4. Il più famoso teatro di Milano. (3)
5. Pronome doppio. (2)
6. Non normale. (3)
8. Passato remoto di "essere", 3ª singolare. (7)
10. Pronome. (5)
13. Sinonimo di "addirittura". (3)
14. Sinonimo di "lavoro". (2)
17. Pronome riflessivo. (6)
18. Una città. (3)
19. La madre della madre. (1)

(Tra parentesi i paragrafi nei quali si può trovare la soluzione)

Cloze "trapassato prossimo"

8. Inserisci i verbi nel brano qui sotto. Otto sono al **trapassato prossimo** e uno all'**imperfetto**. I verbi sono in ordine.

| 1. studiare | 2.proibire | 3. resistere | 4. scappare | 5. approdare | 6. conoscere |
| 7. giudicare | 8. intendere | 9. tornare |

6

1 Venuta dal Cile alla fine del secolo scorso col padre ambasciatore, [1]_____ pianoforte e canto a Parigi. Aveva una bella voce di soprano e un temperamento teatrale. Tanto che tutti i maestri l'avevano incoraggiata a farne un mestiere. Ma non era una professione per ragazze di buona famiglia. E il padre glielo [2]_____. Proponendole invece subito un buon matrimonio

5 con un proprietario di terre argentino.
Ma lei [3]_____. E, a diciotto anni, [4]_____ di casa per andare a "fare la lirica" come diceva lei. [5]_____ a Milano dove [6]_____ Caruso che l'aveva avviata alla scuola della Scala. Famosa in famiglia la fotografia di Caruso dedicata alla "brava e bella Sonia". Perfino Ricordi [7]_____ "straordinario" il suo talento lirico.

10 Ma il padre Ortuzar non [8]_____ cedere. Andò a prenderla a Milano e la riportò a Parigi. E da Parigi Sonia scappò di nuovo, mostrando una grande tenacia e un grande amore per la sua arte.
In una gara di testardaggini senza limiti, il padre Ortuzar [9]_____ a cercarla.

Gioco "testo danneggiato"

9. Rimetti a posto il testo danneggiato.

L'aveva trovata, nas   a in casa di amici e l'aveva riportata per la seconda volta a ca   ancia. L'aveva chiusa, però, quest   lta in una camera giurando che non ne sarebbe uscita che pe   rsi. Ma poi, di fronte a   eazioni a dir poco "spropositate" di lei si era spaventato. No   ice quali siano state queste reazior   proposite", immagino che si sia buttata per terra, come con   à a fare in segui- to, anche dopo spo   , e abbia urlato e si sia contorta in preda a un parossismo n   . Fatto sta che il padre stesso l'avev   ompagnata a Milano perché riprendesse gli studi, ma sotto   stretta sorve- glianza.

Fu allora che Sonia   nobbe il bel siciliano dagli occhi azzurri che era mio nonno   o e se ne inna- morò.

Alessandro Baricco
(Torino, 1958)

L'autore

Alessandro Baricco è nato a Torino nel 1958. Esordisce come critico musicale della "Repubblica" e poi come editorialista culturale della "Stampa". L'amore per la musica e per la letteratura ispira fin dall'inizio la sua attività di saggista e di narratore. L'esordio narrativo, accolto dal favore della critica e del pubblico, è del 1991 con *Castelli di rabbia*.
Ha collaborato a trasmissioni radiofoniche e ha esordito in TV nel 1993 come conduttore di *L'amore è un dardo*, trasmissione dedicata alla lirica. La sua popolarità è aumentata anche grazie a un programma televisivo dedicato ai libri, *Pickwick*.
Ha ottenuto premi letterari (Viareggio, Selezione Campiello) e riconoscimenti internazionali. Dopo l'esperienza televisiva, Baricco ha dato vita a Torino alla scuola di scrittura "Holden", dedicata alle tecniche narrative.

Le opere principali

Castelli di rabbia (1991); *Oceano mare* (1993); *Novecento* (1994), testo teatrale da cui Giuseppe Tornatore ha tratto il film *La leggenda del pianista sull'oceano*; *Barnum* (1995); *Seta* (1996); *Barnum 2* (1998); *City* (1999).

Il libro da cui è tratto il brano

In *Oceano mare* tutto ruota intorno all'acqua, elemento che assume un ruolo quasi purificatorio. I vari personaggi del libro giungono alla Locanda Almayer, un luogo incantato in riva al mare, convinti che la forza di questo elemento naturale possa guarirli dalle delusioni e restituire loro la vita. Non ci sono protagonisti, tutti i personaggi si completano a vicenda, tutti sono importanti, nessuno è indispensabile e il racconto che ne esce altro non è che l'intreccio di più storie che alla fine ne formano una sola.

Caratteristiche del brano scelto

È il racconto del naufragio della fregata L'Alliance. Sebbene il brano sia abbastanza breve, la descrizione incalzante dell'avvenimento riesce subito a creare una grande suspense. Nonostante qualche difficoltà lessicale questo estratto si presta abbastanza bene alla lettura da parte di studenti di livello intermedio.

Percorsi

La prosecuzione del brano qui estrapolato è il racconto di quello che succede sulla zattera ormai alla deriva. Gli avvenimenti sono descritti prima da un personaggio, poi da un altro. I due hanno sensibilità e sentimenti molto diversi, sia tra loro che nei confronti di quello che succede. Potrebbe essere proposta una lettura differenziata (a metà classe un personaggio, all'altra metà l'altro), a cui può seguire una produzione libera orale in cui gli studenti devono immedesimarsi nel personaggio che hanno conosciuto e cercare di riprodurre gli avvenimenti della zattera; e poi eventualmente un confronto dei due brani.

Altre opere da proporre in classe

Il testo che più si presta ad essere proposto in classe è *Novecento*, sia per la sua brevità sia per la sua caratteristica di essere un'opera scritta per il teatro. Dopo la lettura è anche possibile vedere il film e discutere e analizzare le differenze. Questo lavoro è anche possibile farlo con singole scene, che l'insegnante potrà scegliere a seconda dei suoi scopi didattici leggendo il libro e guardando il film.

Alessandro Baricco
da *Oceano mare*

1   Attività introduttiva

1.1. Leggi e cerca di capire questa frase. Se ci sono parole che non conosci chiedile all'insegnante.

> la fregata l'Alliance si arenò in un banco di sabbia

1.2. Questa frase nel testo è spezzata in tre parti inserite in un periodo più ampio. Prova a ricostruire il tutto. Chiama l'insegnante per le parole che non conosci. Fai attenzione alla punteggiatura.

1. , la fregata l'Alliance,
2. , si arenò,
3. , in un banco di sabbia,

Quattordici giorni dopo essere salpata da Rochefort della marina francese per imperizia del comandante e imprecisione delle carte al largo della costa del Senegal.

1.3. Riscrivi la frase:

_____

_____

_____

_____

2.1. Leggi il testo.

1	Quattordici giorni dopo essere salpata da Rochefort, la fregata l'Alliance, della marina francese, si arenò, per imperizia del comandante e imprecisione delle carte, in un banco di sabbia, al largo della costa del Senegal. I tentativi di liberare lo scafo risultarono inutili. Non rimase altro da fare che abbandonare la nave. Poiché le lance a disposizione non erano sufficienti per ospitare l'intero
5	equipaggio, fu costruita una zattera lunga una quarantina di piedi e larga la metà. Su di essa furono fatti salire 147 uomini: soldati, marinai, qualche passeggero, quattro ufficiali, un medico e un ingegnere cartografo. Il piano di evacuazione della nave prevedeva che le quattro lance a disposizione rimorchiassero la zattera fino a riva. Poco dopo aver abbandonato il relitto dell'Alliance, tuttavia, il panico e la confusione si impossessarono del convoglio che, lentamente, cercava di guadagnare la costa. Per viltà o inettitudine – nessuno mai riuscì a stabilire la verità – le lance persero
10	contatto con la zattera. La fune di traino si spezzò. O qualcuno la tagliò. Le lance continuarono a procedere verso terra e la zattera fu abbandonata a se stessa. Neanche mezz'ora dopo, trascinata dalle correnti, era già scomparsa all'orizzonte.

Alessandro Baricco, da *Oceano mare*, Rizzoli, Milano, 1992

2.2. Rileggi il testo e rispondi alle domande. Poi confronta le tue risposte con quelle di un compagno.

a) Perché la fregata L'Alliance si è arenata?

b) Perché è stata costruita la zattera?

c) Perché le lance hanno perso contatto con la zattera?

d) Perché la zattera è scomparsa all'orizzonte?

3.1. La tua nave sta naufragando. È notte e fa molto freddo. La lancia di salvataggio ti aspetta. Il viaggio sarà duro e lungo: sei in mezzo all'Oceano Atlantico. Puoi prendere solo 6 oggetti. Scegli cosa portare tra quello che trovi nella tua cabina:

☐ una bottiglia d'acqua
☐ la foto di tua madre
☐ una canna da pesca
☐ una pistola con un solo colpo
☐ il tuo anello di fidanzamento
☐ un apribottiglie
☐ un bicchiere
☐ una coperta
☐ una bottiglia di grappa
☐ un coltello svizzero
☐ un termos di caffè
☐ un orologio
☐ una bussola
☐ un accendino
☐ un pacchetto di sigarette
☐ il libro che stavi leggendo
☐ una matita
☐ il lettore CD portatile con il nuovo disco del tuo gruppo preferito
☐ una confezione di sei uova
☐ una scatola di biscotti
☐ un quaderno
☐ una bottiglia di latte
☐ un biglietto della lotteria

3.2. Quando arrivi alla scialuppa l'ufficiale ti dice che la lancia è troppo piena, e ogni coppia di persone deve scegliere insieme solo 5 oggetti per il viaggio.
Mettiti faccia a faccia con un compagno e decidete cosa portare.

Lettura analitica "tempi passati dell'indicativo"

4. Trova nel testo tutte le forme di indicativo imperfetto, passato remoto e l'unica forma di trapassato prossimo. Poi inseriscile nello schema qui sotto.

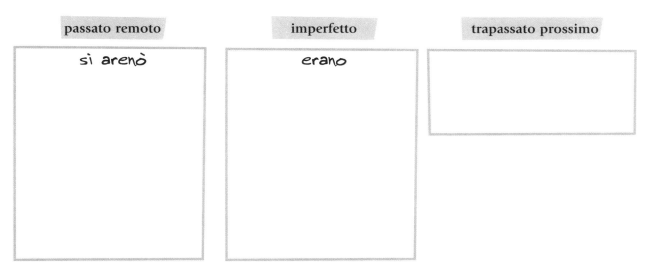

passato remoto	imperfetto	trapassato prossimo
si arenò	erano	

Lettura analitica "passato remoto"

5. Copia i verbi al passato remoto che hai trovato nella tabella sottostante e completala.
Poi confrontati con un compagno.

passato remoto	attivo passivo	soggetto	persona	infinito del verbo
si arenò	a	La fregata	3ª persona singolare	arenarsi

7

Alessandro Baricco

6. Sei un passeggero della zattera. Hai perso il senso del tempo e non sai quanto tempo sia passato (una settimana? un mese? sei mesi?). Incredibilmente trovi una bottiglia, un vecchio pezzo di carta e una penna. Decidi di scrivere un messaggio di SOS da buttare nel mare. Scrivi in italiano perché non vuoi che gli altri capiscano, ma sfortunatamente non hai un dizionario.

7. Guarda ancora il brano dell'attività 2 e i risultati dell'analisi dell'attività 5.
Completa poi la tabella del passato remoto.

CONTINUARE	PERDERE	RIUSCIRE
continuai	persi	riuscii
continuasti	perdesti	riuscisti
continuammo	perdemmo	riuscimmo
continuaste	perdeste	riusciste

8. Inserisci i verbi al **passato remoto**.

arenarsi

risultare
rimanere

impossessarsi

riuscire
perdere
spezzarsi
tagliare
continuare

Quattordici giorni dopo essere salpata da Rochefort, la fregata l'Alliance, della marina francese, _____, per imperizia del comandante e imprecisione delle carte, in un banco di sabbia, al largo della costa del Senegal. I tentativi di liberare lo scafo _____ inutili. Non _____ altro da fare che abbandonare la nave. Poiché le lance a disposizione non erano sufficienti per ospitare l'intero equipaggio, fu costruita una zattera lunga una quarantina di piedi e larga la metà. Su di essa furono fatti salire 147 uomini: soldati, marinai, qualche passeggero, quattro ufficiali, un medico e un ingegnere cartografo. Il piano di evacuazione della nave prevedeva che le quattro lance a disposizione rimorchiassero la zattera fino a riva. Poco dopo aver abbandonato il relitto dell'Alliance, tuttavia, il panico e la confusione _____ del convoglio che, lentamente, cercava di guadagnare la costa. Per viltà o inettitudine – nessuno mai _____ a stabilire la verità – le lance _____ contatto con la zattera. La fune di traino _____. O qualcuno la _____. Le lance _____ a procedere verso terra e la zattera fu abbandonata a se stessa. Neanche mezz'ora dopo, trascinata dalle correnti, era già scomparsa all'orizzonte.

7

Alessandro Baricco

75

9.1. Quando una preposizione semplice è seguita da un articolo determinativo, forma una sola parola che si chiama "**preposizione articolata**".
Sottolinea nel testo, come nell'esempio, tutte le preposizioni articolate che trovi.

1	Quattordici giorni dopo essere salpata da Rochefort, la fregata l'Alliance, <u>della</u> marina francese, si arenò, per imperizia del comandante e imprecisione delle carte, in un banco di sabbia, al largo della costa del Senegal. I tentativi di liberare lo scafo risultarono inutili. Non rimase altro da fare che abbandonare la nave. Poiché le lance a disposizione non erano sufficienti per ospitare l'intero
5	equipaggio, fu costruita una zattera lunga una quarantina di piedi e larga la metà. Su di essa furono fatti salire 147 uomini: soldati, marinai, qualche passeggero, quattro ufficiali, un medico e un ingegnere cartografo. Il piano di evacuazione della nave prevedeva che le quattro lance a disposizione rimorchiassero la zattera fino a riva. Poco dopo aver abbandonato il relitto dell'Alliance, tuttavia, il panico e la confusione si impossessarono del convoglio che, lentamente, cercava di guadagnare la costa. Per viltà o inettitudine – nessuno mai riuscì a stabilire la verità – le lance persero
10	contatto con la zattera. La fune di traino si spezzò. O qualcuno la tagliò. Le lance continuarono a procedere verso terra e la zattera fu abbandonata a se stessa. Neanche mezz'ora dopo, trascinata dalle correnti, era già scomparsa all'orizzonte.

9.2. Completa la tabella inserendo le preposizioni articolate che derivano dalle preposizioni semplici scritte per ogni colonna. Scrivi inoltre per ogni preposizione articolata, aiutandoti con il genere della parola che segue, se la preposizione è maschile o femminile (M/F) e singolare o plurale (S/P).

Preposizioni articolate	preposizione semplice "DI"	M/F	S/P	preposizione semplice "A"	M/F	S/P	preposizione semplice "DA"	M/F	S/P
	deLLa	F	S						

9.3. Nel testo puoi trovare anche una sequenza di preposizione + articolo determinativo che non forma una sola parola. Questa preposizione infatti in genere rimane inalterata.

a) Qual è e dove sta?

b) Conosci altre preposizioni che non formano una sola parola con l'articolo che la segue?

10.1. Guarda il testo e rispondi consultandoti con un compagno alle seguenti domande:

a) Qual è la differenza di uso tra passato remoto e imperfetto?

b) Perché l'autore usa il trapassato prossimo?

7

10.2. Sei un giornalista e devi scrivere la notizia del naufragio dell'*Alliance*. Devi seguire due regole: il tempo base del racconto è il passato prossimo e non puoi scrivere più di sessanta parole.

Alessandro Baricco

Luigi Malerba
(Berceto, Parma, 1927)

L'autore

Pseudonimo di Luigi Bonardi, Malerba dal 1950 vive e lavora a Roma. Il suo esordio letterario risale al 1963 con i racconti *La scoperta dell'alfabeto* che lo pongono subito nel novero degli scrittori sperimentali. L'urgenza di fuggire dal falso conflitto tra letteratura impegnata e letteratura di evasione lo porta verso lo sviluppo di una vena espressiva surreale e ad una grande attenzione alle possibilità del linguaggio e all'organizzazione del testo. È stato autore di narrativa per ragazzi, oltre che sceneggiatore e regista. Vincitore di numerosi premi letterari, è stato insignito nel 1990 della Laurea *ad honorem* in Letteratura Italiana dall'Università di Palermo.

Le opere principali

La scoperta dell'alfabeto (1963); *Il serpente* (1966); *Salto mortale* (1968); *Le rose imperiali* (1974); *Storiette e storiette tascabili (1977 – 1984)*; *Le galline pensierose* (1984); *Il pianeta azzurro* (1986), *Il viaggiatore sedentario* (1993); *Le pietre parlanti* (1994).

Il libro da cui è tratto il brano

Storiette e storiette tascabili è una serie di brevi racconti popolati da personaggi stralunati che danno vita ad un universo imprevedibile dominato dal *non sense*, dal rovesciamento delle leggi della natura. Basta un nulla ai personaggi di Malerba perché gli stessi fondamenti della vita quotidiana divengano pura illusione, dando il via a situazioni assurde e divertenti che ad una lettura profonda risultano vere e proprie bombe gettate sul pensiero conformista.

Caratteristiche del brano scelto

È la buffa storia di Aristodemone, uno scienziato molto *sui generis*, che vuole scrivere un libro sulle lumache. Per studiarle meglio decide di travestirsi da una di loro, ma non è facile capirne il comportamento, così Aristodemone addirittura si immedesima nel ruolo e comincia a vivere lui stesso come una lumaca. Fino al giorno in cui la moglie…
Il racconto è scarno e sintatticamente semplice, come è nello stile dei racconti per ragazzi di Malerba. Tuttavia, sia l'atmosfera fantastica che la brevità e l'essenzialità del linguaggio rendono indispensabile una comprensione piuttosto profonda di ogni parola per poter godere del susseguirsi sempre più assurdo degli eventi raccontati.

Percorsi

Il libro si presta alla lettura di singoli racconti. Molte storie hanno come tema il mondo degli animali, il che rende possibile introdurre l'argomento in modo giocoso e sorprendente, con produzioni orali su elefanti, ragni, gatti, corvi, ecc. a seconda del brano scelto.

Altre opere da proporre in classe

La scoperta dell'alfabeto è una raccolta di racconti animati da figure paradossali che popolano un mondo contadino di fame, violenza e fatica. Nonostante l'argomento, lo stile non realistico di Malerba riesce sempre ad essere lieve e non pedante. I racconti sono sia brevi che di media lunghezza e si prestano ad essere letti ad un livello di competenza linguistica già almeno discreto. Altra opera proponibile è *Le galline pensierose*, brevissime storielle in cui è preponderante l'elemento del rovesciamento della realtà, vista dagli occhi di buffe e simpatiche galline.

Luigi Malerba
Le lumache

Stefano Benni
Buzzati
Italo Calvino
Achille Campanile

Le
Lumache

1   Attività introduttiva

1.1.   Collega le frasi di sinistra (in ordine) con quelle di destra (non in ordine) e ricomponi il primo paragrafo del testo. Chiama l'insegnante se incontri parole che non conosci.

Le lumache sono bestie molto sospettose,	e aspetta che l'intruso se ne vada.
essere spiate da altre bestie,	non sopportano di
Quando un uomo	poi si nasconde tutta
prima ritira le corna	si avvicina, la lumaca
dentro al guscio	sulla vita delle lumache.
Aristodemone voleva scrivere un libro	uomo compreso.

1.2.   Riscrivi il testo in ordine e consultati con un compagno.

Le lumache sono bestie molto sospettose...
_____
_____
_____
_____
_____
_____

2.1. Leggi il testo.

1	Le lumache sono bestie molto sospettose, non sopportano di essere spiate da altre bestie, uomo compreso. Quando un uomo si avvicina, la lumaca prima ritira le corna poi si nasconde tutta dentro al guscio e aspetta che l'intruso se ne vada.
5	Aristodemone voleva scrivere un libro sulla vita delle lumache come Fabre ne aveva scritto uno sulla vita delle api. Per fare questo doveva studiare le lumache da vicino per molto tempo, forse per degli anni. Ma uno scienziato non si arresta di fronte alle difficoltà.
	Aristodemone aveva provato a nascondersi dietro a un cespuglio e poi aveva tentato di travestirsi da cespuglio mettendosi delle frasche sulla testa e sulle spalle, ma le lumache se ne erano accorte subito. Finalmente ebbe una idea che gli parve luminosa come una stella del firmamento quando il cielo
10	è sereno: per studiare le lumache doveva travestirsi da lumaca.
	Aristodemone si fece un guscio di cartapesta che, in grande, era proprio uguale a quello di una lumaca. Poi si fece fare anche un muso di gomma e due corna che andavano su e giù proprio come quelle delle lumache. Riuscì anche a trovare una vernice lucida e argentata che spandeva in terra al suo passaggio e che assomigliava molto alla bava che lasciano le lumache.
15	Ogni mattina prima di uscire per andare nel giardino a studiare le lumache, Aristodemone doveva lavorare più di un'ora per travestirsi. A mezzogiorno ritornava a casa per mangiare e spesso, per non perdere troppo tempo, si metteva a tavola con la moglie tenendo addosso il suo guscio da lumaca. Le prime volte la moglie si divertiva a sedersi a tavola con un marito travestito da lumaca, ma quando Aristodemone decise di non levarsi più il travestimento nemmeno la sera quando andava a letto,
20	la moglie cominciò a brontolare.
	- Io non ho sposato una lumaca, - diceva.
	Lo scienziato scuoteva la sua testa di gomma, ritirava le corna e si metteva a russare.
	A un certo punto Aristodemone pretese che la moglie cucinasse fritti in padella, invece della solita carne ai ferri, certi vermetti che si trovano sotto la corteccia degli alberi. La moglie gli cucinò questa
25	frittura, ma protestò a gran voce quando Aristodemone volle per forza fargliela assaggiare. Alla fine, esasperata, infilò la porta e scappò di casa.
	Aristodemone…

Luigi Malerba, *Le lumache*, in *Storiette e storiette tascabili*, Einaudi, Torino, 1994

2.2. Rileggi il testo e rispondi alle domande.

a) Che tipo di libro vuole scrivere Aristodemone?

b) Quali materiali usa Aristodemone nei suoi travestimenti?

c) Perché la moglie di Aristodemone scappa di casa?

3. Inserisci nel testo le parole elencate di seguito tenendo conto del significato sinonimo che ti viene fornito vicino la riga corrispondente.

addosso   brontolare   cespuglio   corteccia   frasche   infilò   muso

scuoteva   se ne erano accorte   si arresta   spandeva   travestirsi

8

si ferma
albero basso
rami di albero con foglie
avevano capito

faccia

faceva cadere

mettersi il vestito da lumaca

sul corpo

lamentarsi

muoveva

parte più esterna

passò attraverso

Le lumache sono bestie molto sospettose, non sopportano di essere spiate da altre bestie, uomo compreso. Quando un uomo si avvicina, la lumaca prima ritira le corna poi si nasconde tutta dentro al guscio e aspetta che l'intruso se ne vada.

Aristodemone voleva scrivere un libro sulla vita delle lumache come Fabre ne aveva scritto uno sulla vita delle api. Per fare questo doveva studiare le lumache da vicino per molto tempo, forse per degli anni. Ma uno scienziato non _____ di fronte alle difficoltà.

Aristodemone aveva provato a nascondersi dietro a un _____ e poi aveva tentato di travestirsi da cespuglio mettendosi delle _____ sulla testa e sulle spalle, ma le lumache _____ subito. Finalmente ebbe una idea che gli parve luminosa come una stella del firmamento quando il cielo è sereno: per studiare le lumache doveva travestirsi da lumaca.

Aristodemone si fece un guscio di cartapesta che, in grande, era proprio uguale a quello di una lumaca. Poi si fece fare anche un _____ di gomma e due corna che andavano su e giù proprio come quelle delle lumache. Riuscì anche a trovare una vernice lucida e argentata che _____ in terra al suo passaggio e che assomigliava molto alla bava che lasciano le lumache.

Ogni mattina prima di uscire per andare nel giardino a studiare le lumache, Aristodemone doveva lavorare più di un'ora per _____. A mezzogiorno ritornava a casa per mangiare e spesso, per non perdere troppo tempo, si metteva a tavola con la moglie tenendo _____ il suo guscio da lumaca. Le prime volte la moglie si divertiva a sedersi a tavola con un marito travestito da lumaca, ma quando Aristodemone decise di non levarsi più il travestimento nemmeno la sera quando andava a letto, la moglie cominciò a _____.
- Io non ho sposato una lumaca, - diceva.

Lo scienziato _____ la sua testa di gomma, ritirava le corna e si metteva a russare.

A un certo punto Aristodemone pretese che la moglie cucinasse fritti in padella, invece della solita carne ai ferri, certi vermetti che si trovano sotto la _____ degli alberi. La moglie gli cucinò questa frittura, ma protestò a gran voce quando Aristodemone volle per forza fargliela assaggiare. Alla fine, esasperata, _____ la porta e scappò di casa.

4.1.   Ora prova tu a scrivere la fine del racconto.

4.2.   Adesso gira pagina e leggi come Luigi Malerba ha finito la storia di Aristodemone e delle lumache.

8

Aristodemone continuò a studiare le lumache travestito da lumaca. Passarono gli anni, ma il libro sulle lumache non lo scrisse più. Infatti non si è mai vista una lumaca che scrive un libro sulla vita delle lumache.

5 | Lettura analitica "verbo + infinito"

5.1. Sottolinea nel testo (attività 2.1 e 2.4) tutti i casi in cui un verbo all'infinito è preceduto da un altro verbo senza preposizione o da un altro verbo con le preposizioni "a" o "di", e completa la tabella qui sotto.

verbo + preposizione + infinito		verbo + infinito	
non sopportano di essere spiate	**non sopportare di** + infinito	voleva scrivere	**volere** + infinito
	+ infinito		+ infinito
	+ infinito		+ infinito
	+ infinito		+ infinito
	+ infinito		+ infinito
	+ infinito		+ infinito
	+ infinito		+ infinito
	+ infinito		
	+ infinito		
	+ infinito		

5.2 . Mettiti faccia a faccia con un compagno e provate insieme a rispondere a questa domanda.

Conoscete altri verbi, oltre a quelli trovati, che richiedono l'infinito senza preposizione?

6.1. Discuti con un compagno sui vostri animali preferiti e su quelli che vi danno più fastidio, poi insieme compilate la lista dei cinque che amate di più e dei cinque che amate di meno. Attenzione, la lista deve essere unica per tutti e due.

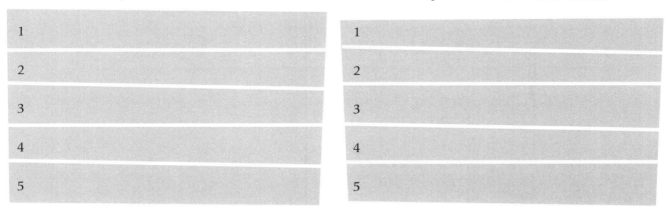

I CINQUE ANIMALI PIÙ AMATI

1

2

3

4

5

I CINQUE ANIMALI MENO AMATI

1

2

3

4

5

6.2. Quando avete finito cambiate compagno e mettetevi d'accordo per compilare di nuovo la lista.

I CINQUE ANIMALI PIÙ AMATI

1

2

3

4

5

I CINQUE ANIMALI MENO AMATI

1

2

3

4

5

Cloze "preposizioni prima di verbi all'infinito"

7. Prima di un verbo all'infinito può esserci una preposizione. Inseriscila se lo ritieni necessario.

Aristodemone voleva _____ scrivere un libro sulla vita delle lumache come Fabre ne aveva scritto uno sulla vita delle api. Per fare questo doveva _____ studiare le lumache da vicino per molto tempo, forse per degli anni. Ma uno scienziato non si arresta di fronte alle difficoltà.

Aristodemone aveva provato _____ nascondersi dietro a un cespuglio e poi aveva tentato _____ travestirsi da cespuglio mettendosi delle frasche sulla testa e sulle spalle, ma le lumache se ne erano accorte subito. Finalmente ebbe una idea che gli parve luminosa come una stella del firmamento quando il cielo è sereno: per studiare le lumache doveva _____ travestirsi da lumaca.

Aristodemone si fece un guscio di cartapesta che, in grande, era proprio uguale a quello di una lumaca. Poi si fece _____ fare anche un muso di gomma e due corna che andavano su e giù proprio come quelle delle lumache. Riuscì anche _____ trovare una vernice lucida e argentata che spandeva in terra al suo passaggio e che assomigliava molto alla bava che lasciano le lumache.

Ogni mattina prima di uscire per andare nel giardino _____ studiare le lumache, Aristodemone doveva _____ lavorare più di un'ora per travestirsi. A mezzogiorno ritornava a casa per mangiare e spesso, per non perdere troppo tempo, si metteva a tavola con la moglie tenendo addosso il suo guscio da lumaca.

Le prime volte la moglie si divertiva _____ sedersi a tavola con un marito travestito da lumaca, ma quando Aristodemone decise _____ non levarsi più il travestimento nemmeno la sera quando andava a letto, la moglie cominciò _____ brontolare.

- Io non ho sposato una lumaca, - diceva.

Lo scienziato scuoteva la sua testa di gomma, ritirava le corna e si metteva _____ russare.

Produzione libera scritta "il mio animale preferito"

8. Scegli il tuo animale preferito:

il mio animale preferito è:

Sei il tuo animale preferito e scrivi una lettera agli esseri umani.

9. Secondo te, com'è questo racconto? Scegli una o più definizioni della lista e poi spiega perché.

Questo racconto è:	Perché?
serio	
assurdo	
divertente	
per ragazzi	
stupido	
ridicolo	
drammatico	
originale	
_____ ?	

Intermezzo

Dino Buzzati – *Un caso interessante*

1. Completa il cruciverba.

ORIZZONTALI →

1. Avverbio di *terribile*.
4. Congiunzione
6. Sinonimo di *ascoltare*.
9. "Questo libro è molto _____".
11. "La pasta ____ piace".
12. È bella in un film di Roberto Benigni .
13. Io piaccio, tu piaci, lei _____ .
14. ____; hai; ha; abbiamo; avete; hanno.

VERTICALI ↓

2. Avverbio usato per mostrare o indicare qualcosa o qualcuno.
3. Più di *molto*.
5. Contrario di *male*.
7. Imperativo di *venire* (voi).
8. Pronome personale indiretto femminile singolare.
10. Io, tu, lui, lei, noi, _____, loro.

---

2. Ora prova ad inserire le parole del cruciverba (elencate qui sotto in ordine alfabetico) nel racconto di Buzzati. Tra parentesi trovi l'indicazione di quante volte vengono usate.

bene | che | ecco | ho | interessante | le | mi (4) | moltissimo | piace (3) | sentire | terribilmente | venite | vita (2) | voi (2)

La ragazza disse: "A me piace la vita, sa?".

"Come? Come ha detto?"

"La _____ _____ _____, _____ detto."

"Ah sì? _____ spieghi, _____ spieghi _____."

"A me _____, _____, e andarmene _____ rincrescerebbe _____."

"Signorina, ci spieghi, è _____ _____ … Su, _____, di là, _____ anche _____ a _____, la signorina qui dice _____ la _____ _____ _____!"

3. Ecco come l'autore ha usato le parole del cruciverba. Leggi il racconto.

La ragazza disse: "A me piace la vita, sa?".
"Come? Come ha detto?"
"La **vita mi piace**, **ho** detto."
"Ah sì? **Mi** spieghi, **mi** spieghi **bene**."
"A me **piace**, **ecco**, e andarmene **mi** rincrescerebbe **moltissimo**."
"Signorina, ci spieghi, è **terribilmente interessante**… Su, **voi**, di là, **venite** anche **voi** a sentire, la signorina qui dice **che** la **vita le piace**!"

Dino Buzzati, *Un caso interessante*, in *Siamo spiacenti di…*, Mondadori, Milano, 1975

4. Sei deluso o soddisfatto? Discuti con un compagno di questo racconto.

Alberto Moravia
(Roma, 1907-1990)

L'autore

Alberto Moravia (pseudonimo di Alberto Pincherle) ha un'infanzia travagliata, caratteriz-zata della tubercolosi ossea che lo costringe all'immobilità fino ai diciotto anni.
Esordisce nel 1929 a soli ventidue anni con il romanzo *Gli indifferenti*. I due successivi romanzi, *Le ambizioni sbagliate* (1935) e *La mascherata* (1941), sono entrambi bloccati dalla censura fascista, che vede in essi una satira del regime. Dopo aver trascorso alcuni anni all'estero, nel dopoguerra Moravia riprende l'attività narrativa, dedicandosi anche al giornalismo, alla critica cinemato-grafica e alla drammaturgia. Dal romanzo *La ciociara*, del 1967, il regista Vittorio de Sica ha tratto ispira-zione per uno dei suoi capolavori. È stato uno scrittore instancabile ed estremamente prolifico e a tutt'og-gi è considerato uno dei più grandi autori italiani del Novecento.

Le opere principali

Gli indifferenti (1929); *Le ambizioni sbagliate* (1935); *La mascherata* (1941); *Agostino* (1943); *La romana* (1947); *L'amore coniugale* (1949); *Il disprezzo* (1954); *La ciociara* (1957); *La noia* (1960); *La vita interiore* (1978); *1934* (1982). Moravia fu anche un maestro del racconto: popolarissime sono le sue raccolte *Racconti romani* (1954) e *Nuovi racconti romani* (1959); mentre *La cosa* (1983) è una scelta di racconti ero-tici.

Il libro da cui è tratto il brano

I *Racconti romani* è composto da storie che hanno come protagonisti personaggi e luoghi della Roma del primo decennio del dopoguerra. Lo stile piano ed accattivante di Moravia fa di questa raccolta uno dei libri italiani più conosciuti all'estero, insieme ai *Nuovi racconti romani*, che ne sono la continuazione.

Caratteristiche del brano scelto

È l'inizio di un racconto che ha come protagonista un uomo che è maestro dell'arte di "arrangiarsi". Non è un ladro ma una specie di truffatore elegante che chiede ad un suo amico scrittore un piacere per una truffa.

Percorsi

Il racconto scelto si presta ad una lettura completa. Alla fine lo scrittore, che sembrava onesto, si rivela anche lui un imbroglione che si impossessa dell'idea della truffa. Dai *Racconti romani* è stato tratto un film (regia di Gianni Franciolini) che porta lo stesso titolo del libro. Il film è piuttosto mediocre ma ci sono le partecipazioni di Totò e Vittorio De Sica, due maestri del cinema italiano.

Altre opere da proporre in classe

La produzione di Moravia è vastissima. Da *La romana*, memorabile ritratto di una donna sullo sfondo dell'Italia fascista, è stato tratto un film per la regia di Luigi Zampa, il che può rappresentare uno strumento in più per la proposta di quest'opera alla classe. Un altro romanzo, ancora ambientato in tempo di guer-ra, da cui è stato prodotto un film è *La ciociara*, con la regia di Vittorio De Sica e la magnifica interpreta-zione di Sophia Loren. Di particolare rilievo, dal punto di vista storico letterario, è *La noia*, il più impor-tante romanzo italiano di genere esistenzialista.

Alberto Moravia
da *La parola mamma*

La parola mamma

---

1 Attività introduttiva (Studente A)

1.1. Studente A. Inserisci i verbi negli spazi.

trovandomi	abbia	sia
abbia	scrivermi	chiedendogli
domandai	curare	sfamarsi

I casi della vita sono tanti, e _____ una sera in trattoria con Stefanini, così, tra un discorso e l'altro, gli _____ se si sentiva capace di _____ una lettera come di uno che _____ fame, _____ disoccupato, _____ a carico la madre malata di un male che non perdona e, per questi motivi, si raccomandi al buon cuore di qualche benefattore, _____ dei soldi per _____ e per _____ sua madre.

1.2. Confronta con un compagno che ha il tuo stesso compito e provate a immaginare di cosa parlerà il racconto intero, scritto da Alberto Moravia.

1.3. Racconta ad uno studente del gruppo B di cosa parla il brano su cui hai lavorato e fatti raccontare da lui cosa ha letto.
Cercate insieme di capire quale dei due brani viene prima e perché.

Alberto Moravia
da *La parola mamma*

La parola mamma

Attività introduttiva (Studente B)

1.1. Studente B. Inserisci le espressioni negli spazi.

morto di fame	a tempo perso	una buona penna	su questo o quell'altro
giornaletto	in cerca	senza un soldo	buttar giù

Stefanini era un _____ numero uno, sempre _____, sempre _____ di qualche occasione; ma era quello che si chiama _____. Faceva il giornalista, mandando ogni tanto qualche articolo ad un _____ del paese suo e, _____, era anche capace di _____, lì per lì, una poesia, _____ argomento, con tutti i versi e le rime a posto.

9

1.2. Confronta con un compagno che ha il tuo stesso compito e provate a immaginare di cosa parlerà il racconto intero, scritto da Alberto Moravia.

1.3. Racconta ad uno studente del gruppo A di cosa parla il brano su cui hai lavorato e fatti raccontare da lui cosa ha letto.
Cercate insieme di capire quale dei due brani viene prima e perché.

2. Leggi il testo completo.

1	I casi della vita sono tanti, e trovandomi una sera in trattoria con Stefanini, così, tra un discorso e l'altro, gli domandai se si sentiva capace di scrivermi una lettera come di uno che abbia fame, sia disoccupato, abbia a carico la madre malata di un male che non perdona e, per questi motivi, si raccomandi al buon cuore di qualche benefattore, chiedendogli dei soldi per sfamarsi e per curare sua
5	madre. Stefanini era un morto di fame numero uno, sempre senza un soldo, sempre in cerca di qualche occasione; ma era quello che si chiama una buona penna. Faceva il giornalista, mandando ogni tanto qualche articolo ad un giornaletto del paese suo e, a tempo perso, era anche capace di buttar giù, lì per lì, una poesia, su questo o quell'altro argomento, con tutti i versi e le rime a posto. La mia richiesta lo interessò; e mi domandò subito perché volevo quella lettera. Gli spiegai che, appunto, i
10	casi della vita erano tanti; io non ero letterato e poteva venire il momento che una simile lettera mi servisse e allora non capitava tutti i giorni di aver sotto mano uno Stefanini capace di scriverla secondo tutte le regole. Sempre più incuriosito, lui si informò se mia madre fosse malata davvero. Gli risposi che, per quanto mi risultava, mia madre, che faceva la levatrice al paese, stava in buona salute; ma insomma, tutto poteva succedere. Per farla breve, tanto insistette e mi interrogò che finii per
15	dirgli la verità; e cioè che vivevo, come si dice, di espedienti e che, in mancanza di meglio, uno di questi espedienti avrebbe potuto essere appunto questa lettera che chiedevo di scrivermi. Lui non si scandalizzò affatto, con mia meraviglia; e mi mosse ancora molte domande sul modo col quale mi sarei regolato. Sentendolo ormai amico, fui sincero: gli dissi che sarei andato con quella lettera da una persona denarosa e gliel'avrei lasciata insieme con qualche oggetto artistico, un bronzetto o una
20	pittura, avvertendo che sarei ripassato dopo un'ora per ritirare l'offerta. L'oggetto artistico fingevo di regalarlo, in segno di gratitudine; in realtà serviva a far crescere l'offerta perché il benefattore non voleva mai ricevere più di quanto dava. Conclusi affermando che se la lettera era scritta bene, il colpo non poteva fallire; e che, in tutti i casi, non c'era pericolo di una denunzia: si trattava di somme piccole e poi nessuno voleva ammettere di essersi lasciato ingannare in quel modo, neppure con la
25	polizia.
	Stefanini ascoltò queste spiegazioni con la massima attenzione; e poi si dichiarò pronto a scrivermi la lettera (…).

Alberto Moravia, da *La parola mamma*, in *Racconti romani*, G. Ed. Fabbri, Bompiani, Sonzogno, Etas S.p.A., 1954

3. Insieme ad un compagno immagina la continuazione ed il finale della storia. Alla fine esponeteli al resto della classe.

4.1.   Sottolinea, come nell'esempio, tutti i verbi al **condizionale composto**.

Per farla breve, tanto insistette e mi interrogò che finii per dirgli la verità; e cioè che vivevo, come si dice, di espedienti e che, in mancanza di meglio, uno di questi espedienti **avrebbe potuto** essere appunto questa lettera che chiedevo di scrivermi. Lui non si scandalizzò affatto, con mia meraviglia; e mi mosse ancora molte domande sul modo col quale mi sarei regolato. Sentendolo ormai amico, fui sincero: gli dissi che sarei andato con quella lettera da una persona denarosa e gliel'avrei lasciata insieme con qualche oggetto artistico, un bronzetto o una pittura, avvertendo che sarei ripassato dopo un'ora per ritirare l'offerta. L'oggetto artistico fingevo di regalarlo, in segno di gratitudine; in realtà serviva a far crescere l'offerta perché il benefattore non voleva mai ricevere più di quanto dava.

4.2. Il condizionale composto può indicare un evento successivo ad un altro avvenuto nel passato (futuro nel passato).
Lavora con un compagno e indica quali verbi , tra quelli che hai sottolineato, hanno questa funzione.

5.   Insieme ad un compagno trasforma il brano che hai letto in una sceneggiatura teatrale che preveda gli scambi di battute tra i personaggi. Siete liberi di integrare il testo originale, ma rimanendo fedeli allo spirito dell'autore

L'uomo – Senti, io so che sei una buona penna, che fai il giornalista, e che ogni tanto, a tempo perso, scrivi belle poesie con tutte le rime a posto.

Alberto Moravia

6. Con lo stesso compagno del lavoro precedente preparatevi per una rappresentazione teatrale del testo elaborato. Dovete essere credibili, quindi fate attenzione alle intenzioni e alle intonazioni, alla gestualità e alle azioni. Se vi serve aiuto chiamate l'insegnante.

7 Lettura analitica "gerundio"

7.1. Sottolinea, alla riga 1 del brano della attività 2, la parola "trovandomi". È un verbo al **gerundio**. Rileggi il testo e sottolinea tutti gli altri verbi al gerundio.

7.2. Ora rifletti sulla funzione di ogni gerundio e inserisci i verbi nelle colonne della tabella.

9

La frase con il gerundio è la **causa** del fatto espresso nella frase principale.	La frase con il gerundio indica il **modo** in cui avviene quello che è espresso nella frase principale.

8 Scelta multipla "gerundio"

8. Guarda il testo della attività 2 e scegli, per ogni verbo al gerundio, l'espressione che meglio esprime il significato del verbo.

Trovandomi		**Chiedendogli**		**Mandando**	
Mentre mi trovavo	☐	e gli chiedeva	☐	poiché mandava	☐
Mi trovavo	☐	e gli chieda	☐	e mandò	☐
Poiché mi trovavo	☐	mentre gli chiede	☐	mentre mandava	☐
Con il trovarmi	☐	poiché gli chiede	☐	mandava	☐

Sentendolo		**Avvertendo**		**Affermando**	
poiché lo sentivo	☐	mentre lo avvertii	☐	con l'affermare	☐
mentre lo sentivo	☐	e lo avvertii	☐	poiché affermavo	☐
così lo sentivo	☐	poiché lo avvertivo	☐	mentre affermavo	☐
con il sentirlo	☐	con l'avvertimento	☐	poiché affermai	☐

Alberto Moravia

9.   Rispondi alle domande e poi confrontati con un compagno.

Moravia ha scritto il racconto come un resoconto in prima persona. Secondo te:

a)   perché?

_____

_____

b)   Sarebbe stato diverso se avesse raccontato la storia in terza persona? E perché?

_____

_____

c)   Riscrivi il testo immaginando di essere Stefanini e di scrivere in prima persona.

La mia richiesta lo interessò; e mi domandò subito perché volevo quella lettera. Gli spiegai che, appunto, i casi della vita erano tanti; io non ero letterato e poteva venire il momento che una simile lettera mi servisse e allora non capitava tutti i giorni di aver sotto mano uno Stefanini capace di scriverla secondo tutte le regole. Sempre più incuriosito, lui si informò se mia madre fosse malata davvero. Gli risposi che, per quanto mi risultava, mia madre, che faceva la levatrice al paese, stava in buona salute; ma insomma, tutto poteva succedere. Per farla breve, tanto insistette e mi interrogò che finii per dirgli la verità.

9

La sua richiesta mi interessò; e gli domandai subito perché voleva quella lettera.

_____

_____

_____

_____

_____

_____

d)   Secondo te Moravia avrebbe scritto così il testo se avesse voluto far raccontare l'incontro a Stefanini?

_____

_____

Alberto Moravia

Italo Calvino
(Santiago de las Vegas, Cuba, 1923 - Siena 1985)

L'autore

Nato a Cuba, Italo Calvino si trasferisce presto con la famiglia in Italia, a Sanremo, e durante la seconda guerra mondiale ha un ruolo attivo nella Resistenza. Al termine della guerra si stabilisce a Torino, iniziando a lavorare presso la casa editrice Einaudi, dove stringe amicizia con Cesare Pavese ed Elio Vittorini.

Esordisce nel 1947 con il romanzo *Il sentiero dei nidi di ragno*, storia dell'esperienza partigiana in Liguria vista con gli occhi di Pin, un bambino. Il libro apre le porte al movimento letterario-cinematografico del Neorealismo.

La sua vasta produzione oscilla tra una vena favolistica e fantastica e una scrittura in cui prevale l'aspetto realistico. Autore di libri popolarissimi non solo in Italia, Calvino è stato anche un apprezzato critico letterario: gli interventi raccolti in *Una pietra sopra* (1980) e nelle *Lezioni americane* (pubblicate postume nel 1988) sono fra i più importanti degli ultimi decenni.

Le opere principali

Il sentiero dei nidi di ragno (1947); *Ultimo viene il corvo* (1949); *I nostri antenati*, trilogia costituita da *Il visconte dimezzato* (1952), *Il barone rampante* (1957) e *Il cavaliere inesistente* (1959); *Cosmicomiche* (1965); *Marcovaldo* (1963); *Le città invisibili* (1972); *Se una notte d'inverno un viaggiatore* (1979); *Palomar* (1983).

Il libro da cui è tratto il brano

Se una notte d'inverno un viaggiatore "è un romanzo sul piacere di leggere romanzi: protagonista è il lettore che per dieci volte comincia a leggere un libro che per vicissitudini estranee alla sua volontà non riesce a finire" (I. Calvino). Calvino ha così scritto dieci capitoli che sono ognuno un inizio di un romanzo che non avrà mai una continuazione. Ogni capitolo è intervallato dalle vicissitudini del lettore che va alla ricerca del libro che sta leggendo e si imbatte in un nuovo romanzo che lo cattura.

Caratteristiche del brano scelto

Due scrittori molto diversi si scrutano e si invidiano. Entrambi sperano di essere letti da una lettrice che guardano con il cannocchiale.

Il brano estratto non presenta grandi difficoltà, tuttavia la struttura e il ritmo incalzante del racconto fanno sì che si adatti alla lettura da parte di studenti che abbiano una buona competenza nella lingua.

Percorsi

La lettura del romanzo intero risulta coinvolgente ma nello stesso tempo faticosa a causa della complessa struttura del libro. È consigliabile quindi estrapolare dei brani a se stanti. Particolarmente indicato risulta il primo capitolo, che descrive in modo estremamente leggero il piacere dell'inizio della lettura di un nuovo romanzo. In classi di livello avanzato si possono utilizzare gli inizi dei dieci romanzi come *incipit* per produzioni libere scritte in cui gli studenti devono continuare la storia arrivando a comporre una storia completa, collaborando così virtualmente con uno dei più grandi scrittori della letteratura italiana.

Altre opere da proporre in classe

Non c'è opera di Calvino che non si presti ad essere utilizzata in classe. Interessante potrebbe risultare un lavoro sugli stili di Calvino, ad esempio confrontando un racconto realistico di *Ultimo viene il corvo* con uno dei racconti allegorici e sperimentali di *Le città invisibili*.

Italo Calvino
da *Se una notte d'inverno un viaggiatore*

Se una notte d'inverno un viaggiatore

1.1.   Collega le frasi di sinistra (in ordine) con quelle di destra (non in ordine) e ricomponi il primo paragrafo del testo.

Due scrittori,	è uno scrittore tormentato.
su opposti versanti della valle	lo scrittore che non scrive
Uno di loro è solito scrivere di mattina,	abitanti in due chalets
La mattina e il pomeriggio,	è uno scrittore produttivo,
punta il suo cannocchiale	l'altro di pomeriggio.
Uno dei due	su quello che scrive.
l'altro	s'osservano a vicenda.

1.2.   Riscrivi il testo in ordine e consultati con un compagno.

_____

_____

_____

_____

_____

_____

_____

1.3.   Mettiti faccia a faccia con un compagno e discuti con lui.

Quali sono secondo te le caratteristiche di uno scrittore "produttivo"?

E quelle di uno scrittore "tormentato"?

2.1. Leggi il testo.

1	Due scrittori, abitanti in due chalets su opposti versanti della valle, s'osservano a vicenda. Uno di loro è solito scrivere di mattina, l'altro di pomeriggio. La mattina e il pomeriggio, lo scrittore che non scrive punta il suo cannocchiale su quello che scrive.
5	Uno dei due è uno scrittore produttivo, l'altro è uno scrittore tormentato. Lo scrittore tormentato guarda lo scrittore produttivo riempire i fogli di righe uniformi, il manoscritto crescere in una pila di fogli ordinati. Tra poco il libro sarà finito: certo un nuovo successo – pensa lo scrittore tormentato con un certo disdegno ma anche di invidia. Egli considera lo scrittore produttivo nient'altro che un abile artigiano, capace di sfornare romanzi fatti in serie per secondare il gusto del pubblico; ma non sa reprimere un forte senso d'invidia per quell'uomo che esprime se stesso con così metodica
10	sicurezza. Non è solo invidia la sua, è anche ammirazione, sì, ammirazione sincera: nel modo in cui quell'uomo mette tutte le sue energie nello scrivere c'è certo una generosità, una fiducia nella comunicazione, nel dare agli altri quel che gli altri s'aspettano da lui, senza porsi problemi introversi. Lo scrittore tormentato pagherebbe chissà quanto pur d'assomigliare allo scrittore produttivo; vorrebbe prenderlo per modello; la sua massima aspirazione ormai è diventare come lui.
15	Lo scrittore produttivo osserva lo scrittore tormentato mentre questi si siede alla scrivania, si mangia le unghie, si gratta, strappa un foglio, s'alza per andare in cucina a farsi un caffè, poi un tè, poi una camomilla, poi legge una poesia di Hölderlin (mentre è chiaro che Hölderlin non c'entra per niente con ciò che sta scrivendo), ricopia una pagina già scritta e poi la cancella tutta riga per riga, telefona alla tintoria (mentre è chiaro che i pantaloni blu non potranno essere pronti prima di gio-
20	vedì), poi scrive alcuni appunti che verranno buoni non ora ma forse in seguito, poi va a consultare l'enciclopedia alla voce Tasmania (mentre è chiaro che in quello che scrive non c'è nessuna allusione alla Tasmania), strappa due fogli, mette un disco di Ravel. Lo scrittore produttivo non ha mai amato le opere dello scrittore tormentato; a leggerle, gli sembra sempre d'essere lì lì per afferrare il punto decisivo ma poi questo punto gli sfugge e gli resta un senso di disagio. Ma ora che lo guarda
25	scrivere, sente che quest'uomo sta lottando con qualcosa d'oscuro, un groviglio, una strada da scavare che non si sa dove porta; alle volte gli sembra di vederlo camminare su una corda sospesa nel vuoto e si sente preso da un sentimento d'ammirazione. Non solo ammirazione: anche invidia; perché sente quanto il proprio lavoro è limitato e superficiale in confronto con ciò che lo scrittore tormentato va cercando.

Italo Calvino, da *Se una notte d'inverno un viaggiatore*, Einaudi, Torino, 1979

2.2. Scrivi qui sotto tutte le azioni che fa lo scrittore tormentato. Poi confrontati con un compagno:

1.   guarda lo scrittore produttivo

...

2.3. Chi ti è più simpatico? Lo scrittore produttivo o lo scrittore tormentato? Discutine con un compagno.

3. Ora completa la lettura del brano.

30	Sulla terrazza d'uno chalet nel fondovalle una giovane donna prende il sole leggendo un libro. I due scrittori la guardano col cannocchiale. "Com'è assorta, a fiato sospeso! Con che gesto febbrile gira le pagine! – pensa lo scrittore tormentato. – Certo legge un romanzo di grande effetto come quelli dello scrittore produttivo!" "Com'è assorta, quasi trasfigurata nella meditazione, come vedesse schiudersi una verità misteriosa – pensa lo scrittore produttivo, – certo legge un libro denso di significati nascosti, come quelli dello scrittore tormentato".
35	Il più grande desiderio dello scrittore tormentato sarebbe d'essere letto come legge quella giovane donna. Si mette a scrivere un romanzo così come egli pensa lo scriverebbe lo scrittore produttivo. Intanto il più gran desiderio dello scrittore produttivo sarebbe d'essere letto come legge quella giovane donna; si mette a scrivere un romanzo così come egli pensa lo scriverebbe lo scrittore tormentato.
40	La giovane donna viene avvicinata prima da uno scrittore poi dall'altro. Entrambi le dicono che vogliono farle leggere i romanzi che hanno appena finito di scrivere.

Italo Calvino, da *Se una notte d'inverno un viaggiatore,* Einaudi, Torino, 1979

4

Produzione libera scritta "completa il racconto"

4. Il racconto, come puoi immaginare, non è ancora finito. Prendi carta e penna e completalo come preferisci.

5

Lettura e confronto

5. Leggi il finale della storia che ti darà l'insegnante, poi confrontala con quella degli altri studenti (le istruzioni per l'insegnante sono a pag. 162).

6. Sottolinea tutti i **"che"** presenti nel testo (attività 2 e 3) e completa la tabella mettendo a sinistra i pronomi relativi e a destra le congiunzioni. Fai attenzione perché un "che" ha la funzione di "aggettivo esclamativo". Scrivilo nella riga sotto la tabella.

riga	"che" pronome relativo	si riferisce a:	riga	"che" congiunzione
2	Lo scrittore che non scrive	Lo scrittore	7	nient'altro che un abile artigiano

10

Aggettivo esclamativo:

7.1. Prendi in considerazione i "che" pronome relativo. Questi, nella frase che introducono, possono avere la funzione di soggetto oppure di oggetto diretto. Distinguili in base a questa funzione e completa la tabella.

riga	frasi con il "**che**" soggetto	riga	frasi con il "**che**" oggetto diretto
2	Lo scrittore _che_ non scrive	12	quel _che_ gli altri s'aspettano da lui

7.2. Nel testo c'è un pronome relativo in una forma differente da "che". Trovalo e poi rifletti con un compagno sul perché l'autore ha usato questa forma.

10

8. Mettiti faccia a faccia con un compagno (studente A + studente B) e cominciate le trattative (le istruzioni per l'insegnante sono a pag.)

Studente A

Sei un venditore di libri a domicilio. Scegli se vendere l'opera di uno scrittore tormentato o quella di uno scrittore produttivo.
Finalmente qualcuno ti fa entrare. Devi convincere la persona a comprare la straordinaria opera che presenti.

Studente B

Fai entrare in casa un venditore di libri a domicilio. Ti proporrà una nuova opera appena stampata. È una buona occasione, ma…

Italo Calvino

9. Inserisci i "che" (relativi o congiunzioni) solo dove necessario.

1	Lo scrittore produttivo osserva lo scrittore tormentato mentre _____ questi si siede alla scrivania, si mangia le unghie, si gratta, strappa un foglio, s'alza per andare in cucina a farsi un caffè, poi un tè, poi una camomilla, poi legge una poesia di Hölderlin (mentre è chiaro _____ Hölderlin non c'entra per niente con ciò _____ sta scrivendo), ricopia una pagina _____ già scritta e poi la can-
5	cella tutta riga per riga, telefona alla tintoria (mentre è chiaro _____ i pantaloni blu non potran- no essere pronti prima di giovedì), poi _____ scrive alcuni appunti _____ verranno buoni non ora ma forse in seguito, poi va a consultare l'enciclopedia alla voce Tasmania (mentre è chiaro _____ in quello _____ scrive non c'è nessuna allusione alla Tasmania), strappa due fogli, _____ mette un disco di Ravel. Lo scrittore produttivo non ha mai amato le opere dello scrittore _____
10	tormentato; a leggerle, gli sembra sempre _____ d'essere lì lì per afferrare il punto decisivo ma poi questo punto _____ gli sfugge e gli resta un senso di disagio. Ma ora _____ lo guarda scrive- re, sente _____ quest'uomo sta lottando con qualcosa d'oscuro, un groviglio, una strada da scava- re _____ non si sa dove porta; alle volte gli sembra di vederlo camminare su una corda sospesa nel vuoto e si sente preso da un sentimento d'ammirazione.

10   Analisi testuale e riscrittura

10.1. Rispondi consultandoti con un compagno alle seguenti domande:

a) Qual è, in questo brano, il tempo di base del racconto?

_____

_____

b) Perché l'autore ha scelto questo tempo?

_____

_____

10.2. Il brano qui sotto è un riadattamento del testo di Calvino a cui è stato cambiato il tempo di base del racconto. Riscrivi il testo nelle parti mancanti, cercando di ristabilire l'originale:

Sulla terrazza d'uno chalet nel fondovalle una giovane donna prendeva il sole leggendo un libro. I due scrittori la guardavano col cannocchiale. "Com'è assorta, a fiato sospeso! Con che gesto febbrile gira le pagine! – pensava lo scrittore tormentato. – Certo legge un romanzo di grande effetto come quelli dello scrittore produttivo!" "Com'è assorta, quasi trasfigurata nella meditazione, come vedesse schiudersi una verità misteriosa – pensava lo scrittore produttivo, – certo legge un libro denso di significati nascosti, come quelli dello scrittore tormentato".

Il più grande desiderio dello scrittore tormentato sarebbe stato d'essere letto come leggeva quella giovane donna. Si mise a scrivere un romanzo così come egli pensava lo avrebbe scritto lo scrittore produttivo. Intanto il più gran desiderio dello scrittore produttivo sarebbe stato d'essere letto come leggeva quella giovane donna; si mise a scrivere un romanzo così come egli pensava lo avrebbe scritto lo scrittore tormentato.

La giovane donna venne avvicinata prima da uno scrittore poi dall'altro. Entrambi le dissero che volevano farle leggere i romanzi che avevano appena finito di scrivere.

Sulla terrazza d'uno chalet nel fondovalle una giovane donna prende il sole leggendo un libro. I due scrittori la guardano col cannocchiale. "Com'è assorta, a fiato sospeso! Con che gesto febbrile gira le pagine! – [   ] – Certo legge un romanzo di grande effetto come quelli dello scrittore produttivo!" "Com'è assorta, quasi trasfigurata nella meditazione, come vedesse schiudersi una verità misteriosa – [   ] – certo legge un libro denso di significati nascosti, come quelli dello scrittore tormentato".

Il più grande desiderio dello scrittore tormentato sarebbe d'essere letto come...

11. Leggi i possibili finali.

La giovane donna riceve i due manoscritti. Dopo qualche giorno invita gli autori a casa sua, insieme, con loro gran sorpresa. – Ma che scherzo è questo? – dice, - m'avete dato due copie dello stesso romanzo!

Oppure:

La giovane donna confonde i due manoscritti. Rende al produttivo il romanzo del tormentato scritto alla maniera del produttivo, e al tormentato il romanzo del produttivo scritto alla maniera del tormentato. Entrambi al vedersi contraffatti hanno una violenta reazione e ritrovano la propria vena.

Oppure:

Un colpo di vento scompagina i due manoscritti. La lettrice cerca di rimetterli assieme. Ne viene un unico romanzo, bellissimo, che i critici non sanno a chi attribuire. È il romanzo che tanto lo scrittore produttivo quanto il tormentato avevano sempre sognato di scrivere.

Oppure:

La giovane donna era sempre stata una lettrice appassionata dello scrittore produttivo e detestava lo scrittore tormentato. Leggendo il nuovo romanzo dello scrittore produttivo, lo trova fasullo e capisce che tutto quel che lui aveva scritto era fasullo; invece ricordando le opere dello scrittore tormentato ora le trova bellissime e non vede l'ora di leggere il suo nuovo romanzo. Ma trova qualcosa di completamente diverso da quello che si aspettava e manda al diavolo anche lui.

Oppure:

Idem, sostituendo "produttivo" a "tormentato" e "tormentato" a "produttivo".

Oppure:

La giovane donna era ecc. ecc. appassionata del produttivo e detestava il tormentato. Leggendo il nuovo romanzo del produttivo non s'accorge affatto che ci sia qualcosa di cambiato; le piace, senza particolari entusiasmi. Quanto al manoscritto del tormentato, lo trova insipido come tutto il resto di quest'autore. Risponde ai due scrittori con frasi generiche. Entrambi si convincono che non dev'essere una lettrice molto attenta e non le fanno più caso.

Oppure:

Idem, sostituendo ecc.

Italo Calvino, da *Se una notte d'inverno un viaggiatore*, Einaudi, Torino, 1979

10

Leonardo Sciascia
(Racalmuto, Agrigento, 1921 - Palermo1989)

L'autore

Leonardo Sciascia ha svolto il mestiere di maestro elementare per molti anni. Ha pubblicato romanzi, racconti, opere teatrali e saggi che, come egli stesso ha affermato, formano un'unica opera, mirante a illustrare la tragedia del passato e del presente della sua terra d'origine, la Sicilia. Le sue opere più famose e riuscite riguardano indagini criminali condotte dalla polizia, in cui il giallo tende a proiettarsi in una dimensione filosofica e metaforica. Negli ultimi anni della sua vita si è concentrato sull'attività saggistica e politica. Come rappresentante del Partito Radicale, è stato membro del Parlamento europeo e del Parlamento Italiano.

Le opere principali

Il giorno della civetta (1961); *Il consiglio d'Egitto* (1963); *A ciascuno il suo* (1966); *Todo modo* (1974); *Candido* (1977); *Porte aperte* (1988); *Una storia semplice* (1989).

Il libro da cui è tratto il brano

In un paesino dell'entroterra siciliano avviene un omicidio apparentemente inspiegabile. Protagonista è il professore di liceo che, mosso da una astratta passione intellettuale, si ritrova a cercare di risolvere il mistero in una atmosfera di omertà, silenzi e complicità. È un "giallo" ironico e amaro in cui, accanto alla *suspense* ha una parte fondamentale la denuncia nei confronti di una cultura amata e odiata e comunque piena di contraddizioni.

Caratteristiche del brano scelto

È l'inizio del romanzo. Il postino porta al farmacista una lettera anonima molto sospetta. In un sottile gioco di sfumature psicologiche il farmacista decide di aprirla. La lettera contiene una minaccia che, malgrado sembri uno scherzo, fa rabbrividire.

Percorsi

Il romanzo si presta alla lettura completa da parte di studenti che abbiano una buona competenza nella lingua italiana. Il libro mette anche a nudo vari aspetti della cultura siciliana, ma senza mai cadere nel luoghi comuni. Dal romanzo è stato tratto un film dal regista Elio Petri, che può essere interessante utilizzare in classe per vedere come è stata resa l'ambientazione e per entrare in maniera più realistica nella Sicilia descritta da Sciascia.

Altre opere da proporre in classe

Sciascia è stato uno degli scrittori italiani più utilizzati al cinema. Oltre ad *A ciascuno il suo* sono stati portati sul grande schermo *Il giorno della civetta*, *Todo modo*, *Il contesto* (col titolo *Cadaveri eccellenti*, per la regia di Francesco Rosi). Soprattutto *Il giorno della civetta*, suo romanzo d'esordio, risulta particolarmente interessante; insieme a *A ciascuno il suo* rappresenta uno dei punti più alti raggiunti in Italia dal genere poliziesco-impegnato. Più facile alla lettura ma non per questo meno interessante risulta l'ultimo romanzo giallo di Sciascia: *Una storia semplice*; anche da questo libro è stato tratto un film.

Leonardo Sciascia
da *A ciascuno il suo*

1

1. Leggi questo brano. Poi rispondi alle domande.

> La lettera arrivò con la distribuzione del pomeriggio. Il postino posò prima sul banco, come al solito, il fascio versicolore delle stampe pubblicitarie; poi con precauzione, quasi ci fosse il pericolo di vederla esplodere, la lettera: busta gialla, indirizzo a stampa su un rettangolino bianco incollato alla busta.
> - Questa lettera non mi piace – disse il postino.
> Il farmacista levò gli occhi dal giornale, si tolse gli occhiali; domandò – Che c'è? – seccato e incuriosito.

a) Quanti personaggi ci sono?

b) Quali sono?

c) Dove sono i personaggi?

d) Il postino ha paura, perché?

e) Perché il farmacista è seccato?

2.1.   Leggi il testo.

1	La lettera arrivò con la distribuzione del pomeriggio. Il postino posò prima sul banco, come al solito, il fascio versicolore delle stampe pubblicitarie; poi con precauzione, quasi ci fosse il pericolo di vederla esplodere, la lettera: busta gialla, indirizzo a stampa su un rettangolino bianco incollato alla busta.
5	- Questa lettera non mi piace – disse il postino.
	Il farmacista levò gli occhi dal giornale, si tolse gli occhiali; domandò – Che c'è? – seccato e incuriosito.
	- Dico che questa lettera non mi piace - . Sul marmo del banco la spinse con l'indice, lentamente, verso il farmacista.
10	Senza toccarla il farmacista si chinò a guardarla; poi si sollevò, si rimise gli occhiali, tornò a guardarla.
	- Perché non ti piace?
	- È stata impostata qui, stanotte o stamattina presto; e l'indirizzo è ritagliato da un foglio intestato della farmacia.
15	- Già – constatò il farmacista: e fissò il postino, imbarazzato e inquieto, come aspettando una spiegazione o una decisione.
	- È una lettera anonima – disse il postino.
	- Una lettera anonima – fece eco il farmacista. Non l'aveva ancora toccata, ma già la lettera squarciava la sua vita domestica, calava come un lampo ad incenerire una donna non bella, un po' sfiorita, un po' sciatta, che in cucina stava preparando il capretto da mettere in forno per la cena.
20	- Qui il vizio delle lettere anonime c'è sempre – disse il postino. Aveva posato la borsa su una sedia, si era appoggiato al banco: aspettava che il farmacista si decidesse ad aprire la lettera. Gliel'aveva portata intatta, senza aprirla prima (con tutte le precauzioni, si capisce), fidando sulla cordialità e ingenuità del destinatario: "se l'apre, ed è cosa di corna, non mi dirà niente; ma se è una minaccia o altro, me la farà vedere". Comunque, non sarebbe andato via senza sapere. Tempo ne aveva.
25	- A me una lettera anonima? – disse il farmacista dopo un lungo silenzio: stupito e indignato nel tono ma nell'aspetto atterrito. Pallido, lo sguardo sperso, gocce di sudore sul labbro. E al di là della verbatile curiosità in cui era teso, il postino condivise stupore e indignazione: un brav'uomo, di cuore, alla mano: uno che in farmacia apriva il credito a tutti in campagna, nelle terre che aveva per dote della moglie, lasciava che i contadini facessero il comodo loro. Né aveva mai sentito, il postino, qualche maldicenza che sfiorasse la signora.
30	Di colpo il farmacista si decise: prese la lettera, l'aprì, spiegò il foglio. Il postino vide quel che si aspettava: la lettera composta con parole ritagliate dal giornale. (…)

Leonardo Sciascia, da A ciascuno il suo, 1966, Einaudi, Torino

2.2.   Il postino come considera il farmacista? Evidenzia la parte del testo in cui si può capire la sua opinione.

3 — Produzione libera scritta "una lettera anonima"

3.   Lavora insieme ad un compagno. Provate ad immaginare il contenuto della lettera anonima ricevuta dal farmacista, poi scrivetela su un foglio di carta, utilizzando solo parole ritagliate dai giornali.

4 — Lettura

4.   Ora puoi leggere cosa c'era scritto nella lettera.

> Il farmacista bevve di un sorso l'amaro calice. Due righe, poi. – Senti senti – disse: ma sollevato, quasi divertito. Il postino pensò: "niente corna". Domandò – È che è, una minaccia?
> - Una minaccia – assentì il farmacista. Gli porse la lettera. Il postino avidamente la prese, a voce alta lesse – *Questa lettera è la tua condanna a morte, per quello che hai fatto morirai* – la richiuse, la posò sul banco.

5 — Produzione libera orale "dal testo al teatro"

5.   Considera il testo completo (attività 2 e 4). Mettiti insieme ad altri tre studenti per creare un gruppo di quattro persone: due attori e due registi. Leggi le istruzioni per i due ruoli.

Attori

Evidenziate nel testo le cose che dicono i due personaggi, il postino e il farmacista. Dividetevi i ruoli e provate a imparare il dialogo a memoria.

Registi

Evidenziate nel testo le azioni e le intenzioni dei due personaggi e tutto quello che può essere utile come indicazione per una rappresentazione teatrale fedele al testo.

I due attori e i due registi si riuniscono e provano la messa in scena. Preparate tutto quello che vi serve per una buona riuscita del mini spettacolo. Poi rappresentatelo davanti alla classe.

6.   Completa il testo. Ogni spazio può ospitare un articolo determinativo, un articolo indeterminativo oppure può rimanere vuoto. Quando hai finito confronta il tuo lavoro con quello di un compagno.

- È _____ lettera anonima – disse _____ postino.
- _____ lettera anonima – fece eco _____ farmacista. Non l'aveva ancora toccata, ma già _____ lettera squarciava _____ sua vita domestica, calava come _____ lampo ad incenerire _____ donna non bella, un po' sfiorita, un po' sciatta, che in cucina stava preparando _____ capretto da mettere in forno per la cena.
- Qui _____ vizio delle lettere anonime c'è sempre – disse _____ postino. Aveva posato _____ borsa su _____ sedia, si era appoggiato al banco: aspettava che _____ farmacista si decidesse ad aprire _____ lettera. Gliel'aveva portata intatta, senza aprirla prima (con tutte _____ precauzioni, si capisce), fidando sulla cordialità e _____ ingenuità del destinatario: "se l'apre, ed è cosa di corna, non mi dirà niente; ma se è _____ minaccia o altro, me la farà vedere". Comunque, non sarebbe andato via senza _____ sapere. Tempo ne aveva.
- A me _____ lettera anonima? – disse _____ farmacista dopo _____ lungo silenzio: stupito e indignato nel tono ma nell'aspetto atterrito. Pallido, _____ sguardo sperso, gocce di sudore sul labbro. E al di là della verbatile curiosità in cui era teso, _____ postino condivise _____ stupore e indignazione: _____ brav'uomo, di cuore, alla mano: _____ che in farmacia apriva _____ credito a tutti in campagna, nelle terre che aveva per dote della moglie, lasciava che _____ contadini facessero _____ comodo loro. Né aveva mai sentito, _____ postino, qualche _____ maldicenza che sfiorasse _____ signora.

7.   Riprendi i brani delle attività 2 e 4 e sottolinea tutti i verbi al **passato remoto**.

8.　Tutti i verbi al passato remoto del brano di Sciascia sono alla terza persona singolare. Completa la coniugazione del passato remoto dei verbi elencati qui sotto.

INFINITO	io	tu	lui/lei	noi	voi	loro
posare	posai	posasti	posò	posammo	posaste	posarono
dire			disse			
levare			levò			
togliersi			si tolse			
spingere			spinse			
sollevarsi			si sollevò			
fare			fece			
condividere			condivise			
decidersi			si decise			
aprire			aprì			
vedere			vide			
bere			bevve			
assentire			assentì			
porgere			porse			
richiudere			richiuse			

11

Cloze "imperfetto o trapassato prossimo"

9.1.   Inserisci i verbi elencati alla sinistra del testo coniugandoli all'indicativo **imperfetto** o **trapassato prossimo**. I verbi sono in ordine.

toccare
squarciare

stare

posare   appoggiarsi
aspettare
portare

avere

essere
aprire

lasciare
sentire

- Una lettera anonima – fece eco il farmacista. Non l'_____, ma già la lettera _____ la sua vita domestica, calava come un lampo ad incenerire una donna non bella, un po' sfiorita, un po' sciatta, che in cucina _____ preparando il capretto da mettere in forno per la cena.
- Qui il vizio delle lettere anonime c'è sempre – disse il postino. _____ la borsa su una sedia, _____ al banco: _____ che il farmacista si decidesse ad aprire la lettera. Gliel'_____ intatta, senza aprirla prima (con tutte le precauzioni, si capisce), fidando sulla cordialità e ingenuità del destinatario: "se l'apre, ed è cosa di corna, non mi dirà niente; ma se è una minaccia o altro, me la farà vedere". Comunque, non sarebbe andato via senza sapere. Tempo ne _____.
- A me una lettera anonima? – disse il farmacista dopo un lungo silenzio: stupito e indignato nel tono ma nell'aspetto atterrito. Pallido, lo sguardo sperso, gocce di sudore sul labbro. E al di là della verbatile curiosità in cui _____ teso, il postino condivise stupore e indignazione: un brav'uomo, di cuore, alla mano: uno che in farmacia _____ il credito a tutti in campagna, nelle terre che aveva per dote della moglie, _____ che i contadini facessero il comodo loro. Né _____, il postino, qualche maldicenza che sfiorasse la signora.

9.2.   Due dei verbi al trapassato prossimo hanno al loro interno (tra l'ausiliare e il participio passato) un avverbio. Aggiungi i due avverbi scritti qui sotto dove ritieni più appropriato.

ancora   **mai**

Gioco "trova l'errore"

10.   In questo brano del testo c'è un errore. Quando pensi di averlo trovato chiama l'insegnante.

- A me una lettera anonima? – disse il farmacista dopo un lungo silenzio: stupito e indignato nel tono ma nell'aspetto atterrito. Pallido, lo sguardo sperso, gocce di sudore sul labbro. E al di là della verbatile curiosità in cui era teso, il postino condivise stupore e indignazione: un brav'uomo, di cuore, alla mano: uno che in farmacia apriva il credito a tutti in campagna, nelle terre che aveva per dote della moglie, lasciava che i contadini facessero il comodo loro. Né aveva mai sentite, il postino, qualche maldicenza che sfiorasse la signora.

Leonardo Sciascia

Analisi testuale

11. "A ciascuno il suo" è un romanzo giallo. Rileggi il testo completo (attività 2 + 4) insieme ad un compagno ed evidenziate tutte le parti che, secondo voi, contribuiscono a creare una suspense nel lettore.

12

Produzione libera orale

12.1. Prendi ancora in considerazione il testo completo. L'insegnante ti dirà se devi svolgere il compito "Giornalista" o il compito "Professore".

Giornalista

Sei un giornalista nuovo di una radio famosa. Il direttore ti chiede di preparare un'intervista ad un importante professore di letteratura. L'argomento sarà lo stile di Leonardo Sciascia nel romanzo "A ciascuno il suo". Tu hai letto solo l'inizio del romanzo, ma nessuno deve capirlo.
Scrivi una serie di domande da fare al professore.
Hai solo 15 minuti di tempo.
Aiutati con la scheda di pag. 117.
È la tua grande occasione!

Professore

Sei uno studente da poco laureato in letteratura. Il tuo professore ti chiede di andare a parlare al suo posto alla radio. L'argomento sarà lo stile di Leonardo Sciascia nel romanzo "A ciascuno il suo". Tu hai letto solo l'inizio del romanzo, ma nessuno deve capirlo.
Prepara una serie di concetti di cui vuoi parlare.
Hai solo 15 minuti di tempo.
Aiutati con la scheda di pag. 117.
È la tua grande occasione!

Caratteristiche dello stile giallo.

Ambientazione.

Descrizioni degli oggetti.

Caratteristiche psicologiche dei personaggi.

Rapporto tra i personaggi.

Altro

12.2. Mettiti faccia a faccia con un compagno (Giornalista + Professore) e cominciate l'intervista. La trasmissione durerà 20 minuti.

11

Primo Levi
(Torino, 1919 - 1987)

L'autore

Primo Levi nasce e studia a Torino dove si laurea nel 1941 in Chimica. Di famiglia ebrea, ha difficoltà a trovare un lavoro. Per via della leggi razziali emanate nel 1938 dal governo fascista il suo diploma porta la menzione "di razza ebraica". Frequenta i circoli antifascisti e nel 1943 si unisce ai gruppi dei partigiani in Val d'Aosta. Nel dicembre viene arrestato e nel febbraio 1944 viene deportato nel campo di concentramento di Auschwitz. Nel gennaio del '45 i russi liberano il campo e riesce clamorosamente a salvarsi. Dopo un avventuroso viaggio torna a Torino dove scrive il suo romanzo d'esordio: *Se questo è un uomo*, in cui racconta la sua esperienza nel lager. Il libro, pubblicato in pochi esemplari, non ha successo e Levi si dedica alla sua professione di chimico. La casa editrice Einaudi pubblicherà *Se questo è un uomo* solo nel 1956. Negli anni successivi il romanzo verrà tradotto in numerose lingue. Nel 1963 esce *La tregua*, diario degli otto mesi dell'avventuroso viaggio di ritorno dalla prigionia. Da questo momento continua a scrivere regolarmente libri e racconti sempre segnati dalla sua tragica esperienza personale.

Le opere principali

Se questo è un uomo (1947-1956); *La tregua* (1963); *La chiave a stella* (1978); *Se non ora, quando?* (1982); *I sommersi e i salvati* (1986). Tra i libri di racconti si ricordano *Storie naturali* (1967); *Vizio di forma* (1971); *Lilít e altri racconti* (1981).

Il libro da cui è tratto il brano

Se questo è un uomo racconta l'esperienza di Primo Levi nel campo di concentramento di Auschwitz. Il racconto si apre il 13 dicembre 1943, giorno della sua cattura da parte della Milizia Fascista, e si chiude il 27 gennaio 1945, giorno della liberazione del lager da parte dei russi. Il libro, scritto febbrilmente e terminato nel gennaio del '47, fu pubblicato in pochi esemplari e non ebbe successo. La casa editrice Einaudi pubblicherà *Se questo è un uomo* solo nel 1956. Negli anni successivi il romanzo verrà tradotto in numerose lingue.

Caratteristiche del brano scelto

È l'arrivo al campo di concentramento, il primo impatto. Partito con un gruppo di uomini senza conoscere la destinazione, Levi arriva ad Auschwitz. Cominciano le prime umiliazioni e le prime sofferenze.
Il brano non presenta grandi difficoltà, ma lo stile crudo ed incalzante nonché l'importanza dell'argomento ne consigliano la lettura da parte di studenti che possano essere in grado di apprezzarne appieno i significati e discuterne.

Percorsi

È molto difficile estrapolare brani da *Se questo è un uomo* in quanto sono presenti continui riferimenti a persone o situazioni passate. La lettura dell'intero romanzo è consigliabile a studenti che abbiano un'ottima conoscenza della lingua italiana. Il brano qui presentato può essere letto in parallelo ad una visione della scena dell'arrivo al campo di concentramento del film di Roberto Benigni "La vita è bella".

Altre opere da proporre in classe

La tregua è un altro capolavoro della letteratura italiana. È piuttosto impegnativo, ma può venire in aiuto l'utilizzo del film omonimo che Francesco Rosi ha tratto dal romanzo.

Primo Levi
da *Se questo è un uomo*

---

1 | Attività introduttiva

1.1. Inserisci i soggetti dei verbi (elencati qui sotto) nel giusto spazio.

> il suo ricordo
> il lavoro
> l'autocarro
> Il viaggio
> una grande porta

_____ non durò che una ventina di minuti. Poi _____ si è fermato, e si è vista _____, e sopra una scritta vivamente illuminata (_____ ancora mi percuote nei sogni): ARBEIT MACHT FREI, _____ rende liberi.

1.2. Questo brano è tratto dal romanzo "Se questo è un uomo" di Primo Levi. Secondo te che genere di romanzo è?
Scegli una risposta, poi consultati con un compagno.

a. **fantascienza**   b. **avventura**   c. **autobiografico**   d. **commedia**   e. **giallo**

1.3. Leggi le tre descrizioni qui sotto e scegli quella che potrebbe raccontare la storia di "Se questo è un uomo".

a. *Se questo è un uomo* è la storia di un viaggio attraverso l'America di un giovane appassionato di cinema alla ricerca del successo.	b. *Se questo è un uomo* racconta in prima persona la terribile esperienza di un uomo nel campo di concentramento di Auschwitz durante la Seconda Guerra Mondiale.	c. *Se questo è un uomo* parla di un ragazzo alla ricerca della sua donna che è scappata con il suo migliore amico.

12

2.1.   Leggi il testo.

1   Il viaggio non durò che una ventina di minuti. Poi l'autocarro si è fermato, e si è vista una grande porta, e sopra una scritta vivamente illuminata (il suo ricordo ancora mi percuote nei sogni): ARBEIT MACHT FREI, il lavoro rende liberi.

     Siamo scesi, ci hanno fatti entrare in una camera vasta e nuda, debolmente riscaldata. Che sete abbiamo! Il debole fruscio dell'acqua nei radiatori ci rende feroci: sono quattro giorni che non
5   beviamo. Eppure c'è un rubinetto: sopra un cartello, che dice che è proibito bere perché l'acqua è inquinata. Sciocchezze, a me pare ovvio che il cartello è una beffa, "essi" sanno che noi moriamo di sete, e ci mettono in una camera e c'è un rubinetto, e Wassertrinken verboten. Io bevo, e incito i compagni a farlo; ma devo sputare, l'acqua è tiepida e dolciastra, ha odore di palude.

10   Questo è l'inferno. Oggi, ai nostri giorni, l'inferno deve essere così, una camera grande e vuota, e noi stanchi di stare in piedi, e c'è un rubinetto che gocciola e l'acqua non si può bere, e noi aspettiamo qualcosa di certamente terribile e non succede niente e continua a non succedere niente. Come pensare? Non si può pensare, è come essere già morti. Qualcuno si siede per terra. Il tempo passa a goccia.

15   Non siamo morti; la porta si è aperta ed è entrata una SS, sta fumando. Ci guarda senza fretta, chiede: - Wer Kann Deutsch? – Si fa avanti uno fra noi che non ho mai visto, si chiama Flesch; sarà lui il nostro interprete. La SS fa un lungo discorso pacato: l'interprete traduce. Bisogna mettersi in fila per cinque, a intervalli di due metri fra uomo e uomo; poi bisogna spogliarsi e fare un fagotto degli abiti in un certo modo, gli indumenti di lana da una parte e tutto il resto dall'altra, togliersi le scar-
20   pe ma far molta attenzione di non farcele rubare.

     Rubare da chi? perché ci dovrebbero rubare le scarpe? e i nostri documenti, il poco che abbiamo in tasca, gli orologi? Tutti guardiamo l'interprete, e l'interprete interrogò il tedesco, e il tedesco fumava e lo guardò da parte a parte come se fosse stato trasparente, come se nessuno avesse parlato.

Primo Levi, da *Se questo è un uomo*, Einaudi, Torino, 1958

12

2.2. Rileggi il testo e rispondi alle domande. Poi confronta le tue risposte con quelle di un compagno

a) Si può bere l'acqua del rubinetto?	
b) La stanza è fredda o calda?	
c) Gli uomini possono rimanere vestiti?	
d) Il tedesco delle SS è calmo o nervoso?	

2.3.   Riguarda le risposte che hai dato agli esercizi 1.2 e 1.3. Sei ancora d'accordo?

3. Collega le parole o espressioni presenti nel brano della attività 2 (a sinistra) con le loro definizioni (a destra).

vivamente (riga 2)	non molto calda
percuote (riga 2)	colpisce
fruscio (riga 5)	scherzo
pare (riga 7)	vestiti
beffa (riga 7)	calmo
tiepida (riga 9)	vestiti
a goccia (riga 13)	intensamente, in modo vivo
pacato (riga 17)	invisibile
abiti (riga 19)	rumore leggero
indumenti (riga 19)	sembra
trasparente (riga 23)	lentamente

4. Primo Levi è rimasto per un anno nel campo di concentramento di Auschwitz. In una intervista ha detto:

"Devo dire che l'esperienza di Auschwitz è stata tale per me da spazzare qualsiasi resto di educazione religiosa che pure ho avuto… C'è Auschwitz, quindi non può esserci Dio. Non trovo una soluzione al dilemma. La cerco, ma non la trovo."

Scrivi il tuo pensiero riguardo a questo argomento.

5.1. In questo brano sono sottolineate tutte le forme verbali precedute dal pronome "**si**". Inseriscile nella tabella.

Il viaggio non durò che una ventina di minuti. Poi l'autocarro **si è fermato**, e **si è vista** una grande porta, e sopra una scritta vivamente illuminata (il suo ricordo ancora mi percuote nei sogni): ARBEIT MACHT FREI, il lavoro rende liberi.

Siamo scesi, ci hanno fatti entrare in una camera vasta e nuda, debolmente riscaldata. Che sete abbiamo! Il debole fruscio dell'acqua nei radiatori ci rende feroci: sono quattro giorni che non beviamo. Eppure c'è un rubinetto: sopra un cartello, che dice che è proibito bere perché l'acqua è inquinata. Sciocchezze, a me pare ovvio che il cartello è una beffa, "essi" sanno che noi moriamo di sete, e ci mettono in una camera e c'è un rubinetto, e Wassertrinken verboten. Io bevo, e incito i compagni a farlo; ma devo sputare, l'acqua è tiepida e dolciastra, ha odore di palude.

Questo è l'inferno. Oggi, ai nostri giorni, l'inferno deve essere così, una camera grande e vuota, e noi stanchi di stare in piedi, e c'è un rubinetto che gocciola e l'acqua non **si può** bere, e noi aspettiamo qualcosa di certamente terribile e non succede niente e continua a non succedere niente. Come pensare? Non **si può** pensare, è come essere già morti. Qualcuno **si siede** per terra. Il tempo passa a goccia.

Non siamo morti; la porta **si è aperta** ed è entrata una SS, sta fumando. Ci guarda senza fretta, chiede: - Wer Kann Deutsch? – **Si fa** avanti uno fra noi che non ho mai visto, **si chiama** Flesch; sarà lui il nostro interprete.

"si" riflessivo	"si" indefinito	
si è fermato		

5.2. La costruzione con il "si" indefinito permette di non nominare chi fa l'azione espressa dal verbo. Completa la tabella scrivendo, accanto a ciascuna costruzione indefinita chi è, secondo te, che fa l'azione espressa da ogni verbo.

6.1. Sottolinea, nel brano qui sotto, tutti i verbi nei tempi passati dell'indicativo.

1	Il viaggio non durò che una ventina di minuti. Poi l'autocarro si è fermato, e si è vista una grande porta, e sopra una scritta vivamente illuminata (il suo ricordo ancora mi percuote nei sogni): ARBEIT MACHT FREI, il lavoro rende liberi.
5	Siamo scesi, ci hanno fatti entrare in una camera vasta e nuda, debolmente riscaldata. Che sete abbiamo! Il debole fruscio dell'acqua nei radiatori ci rende feroci: sono quattro giorni che non beviamo. Eppure c'è un rubinetto: sopra un cartello, che dice che è proibito bere perché l'acqua è inquinata. Sciocchezze, a me pare ovvio che il cartello è una beffa, "essi" sanno che noi moriamo di sete, e ci mettono in una camera e c'è un rubinetto, e Wassertrinken verboten. Io bevo, e incito i compagni a farlo; ma devo sputare, l'acqua è tiepida e dolciastra, ha odore di palude.
10	Questo è l'inferno. Oggi, ai nostri giorni, l'inferno deve essere così, una camera grande e vuota, e noi stanchi di stare in piedi, e c'è un rubinetto che gocciola e l'acqua non si può bere, e noi aspettiamo qualcosa di certamente terribile e non succede niente e continua a non succedere niente. Come pensare? Non si può pensare, è come essere già morti. Qualcuno si siede per terra. Il tempo passa a goccia. Non siamo morti; la porta si è aperta ed è entrata una SS, sta fumando. Ci guarda senza fretta, chie-
15	de: - Wer Kann Deutsch? – Si fa avanti uno fra noi che non ho mai visto, si chiama Flesch; sarà lui il nostro interprete. La SS fa un lungo discorso pacato: l'interprete traduce. Bisogna mettersi in fila per cinque, a intervalli di due metri fra uomo e uomo; poi bisogna spogliarsi e fare un fagotto degli abiti in un certo modo, gli indumenti di lana da una parte e tutto il resto dall'altra, togliersi le scarpe ma far molta attenzione di non farcele rubare.
20	Rubare da chi? perché ci dovrebbero rubare le scarpe? e i nostri documenti, il poco che abbiamo in tasca, gli orologi? Tutti guardiamo l'interprete, e l'interprete interrogò il tedesco, e il tedesco fumava e lo guardò da parte a parte come se fosse stato trasparente, come se nessuno avesse parlato.

6.2. Inserisci i sette verbi al **passato prossimo** nello schema e completalo come nell'esempio.

verbo	soggetto	il participio passato concorda con...
si è fermato	l'autocarro	il soggetto (autocarro)

6.3. Alle righe 4/5, dopo aver usato il passato remoto e il passato prossimo, Levi comincia una lunga descrizione al presente, per poi tornare al passato prossimo e al passato remoto. Discuti con un compagno e cercate di spiegare le ragioni di questo uso dei tempi verbali da parte dell'autore.

7. Nell'appendice al romanzo "Se questo è un uomo", che descrive l'esperienza dell'autore nel campo di concentramento di Auschwitz, Primo Levi ha scritto:

L'avversione contro gli ebrei, impropriamente detta antisemitismo, è un caso particolare di un fenomeno più vasto, e cioè dell'avversione contro chi è diverso da noi. È indubbio che si tratti, in origine, di un fatto zoologico: gli animali di una stessa specie, ma appartenenti a gruppi diversi, manifestano fra di loro fenomeni di intolleranza. Questo avviene anche fra gli animali domestici: è noto che una gallina di un certo pollaio, se viene introdotta in un altro, è respinta a beccate per vari giorni. (..).
L'antisemitismo è un tipico fenomeno di intolleranza. Perché una intolleranza insorga, occorre che fra i due gruppi a contatto esista una differenza percettibile: questa può essere una differenza fisica (i neri e i bianchi, i bruni e i biondi), ma la nostra complicata civiltà ci ha resi sensibili a differenze più sottili, quali la lingua, o il dialetto, o addirittura l'accento (lo sanno bene i nostri meridionali costretti a emigrare al Nord); la religione, con tutte le sue manifestazioni esteriori e la sua profonda influenza sul modo di vivere; il modo di vestire o gesticolare; le abitudini pubbliche o private.

Nella società in cui vivi ci sono fenomeni di intolleranza? E sei d'accordo con quello che ha scritto Primo Levi? Discutine con un compagno.

8. Dal testo originale sono state eliminate le preposizioni scritte qui sotto. Inseriscile dove ti sembra più appropriato. Sono in ordine.

ai	di	di	a	per	a	fra	in	per	a	di	fra	degli	in	di	da	dall'	di

Questo è l'inferno. Oggi, nostri giorni, l'inferno deve essere così, una camera grande e vuota, e noi stanchi stare in piedi, e c'è un rubinetto che gocciola e l'acqua non si può bere, e noi aspettiamo qualcosa certamente terribile e non succede niente e continua non succedere niente. Come pensare? Non si può pensare, è come essere già morti. Qualcuno si siede terra. Il tempo passa goccia.
Non siamo morti; la porta si è aperta ed è entrata una SS, sta fumando. Ci guarda senza fretta, chiede: – Wer Kann Deutsch? – Si fa avanti uno noi che non ho mai visto, si chiama Flesch; sarà lui il nostro interprete. La SS fa un lungo discorso pacato: l'interprete traduce. Bisogna mettersi fila cinque, intervalli due metri uomo e uomo; poi bisogna spogliarsi e fare un fagotto abiti un certo modo, gli indumenti lana una parte e tutto il resto altra, togliersi le scarpe ma far molta attenzione non farcele rubare.

9. Inserisci nel testo i verbi elencati qui sotto coniugandoli al passato prossimo dell'indicativo. I verbi sono in ordine.

fermarsi   vedere   scendere   fare   aprirsi   entrare   vedere

Poi l'autocarro _____, e si _____ una grande porta, e sopra una scritta vivamente illuminata (il suo ricordo ancora mi percuote nei sogni): ARBEIT MACHT FREI, il lavoro rende liberi.

_____, ci _____ entrare in una camera vasta e nuda, debolmente riscaldata. Che sete abbiamo! Il debole fruscio dell'acqua nei radiatori ci rende feroci: sono quattro giorni che non beviamo. Eppure c'è un rubinetto: sopra un cartello, che dice che è proibito bere perché l'acqua è inquinata. Sciocchezze, a me pare ovvio che il cartello è una beffa, "essi" sanno che noi moriamo di sete, e ci mettono in una camera e c'è un rubinetto, e Wassertrinken verboten. Io bevo, e incito i compagni a farlo; ma devo sputare, l'acqua è tiepida e dolciastra, ha odore di palude.

Questo è l'inferno. Oggi, ai nostri giorni, l'inferno deve essere così, una camera grande e vuota, e noi stanchi di stare in piedi, e c'è un rubinetto che gocciola e l'acqua non si può bere, e noi aspettiamo qualcosa di certamente terribile e non succede niente e continua a non succedere niente. Come pensare? Non si può pensare, è come essere già morti. Qualcuno si siede per terra. Il tempo passa a goccia.

Non siamo morti; la porta _____ ed _____ una SS, sta fumando. Ci guarda senza fretta, chiede: - Wer Kann Deutsch? – Si fa avanti uno fra noi che non _____ mai _____, si chiama Flesch; sarà lui il nostro interprete. La SS fa un lungo discorso pacato: l'interprete traduce. Bisogna mettersi in fila per cinque, a intervalli di due metri fra uomo e uomo; poi bisogna spogliarsi e fare un fagotto degli abiti in un certo modo, gli indumenti di lana da una parte e tutto il resto dall'altra, togliersi le scarpe ma far molta attenzione di non farcele rubare.

10   Analisi testuale

10.1. Riguarda il testo e rispondi alle domande.

a) In questo brano c'è un protagonista?

b) La descrizione ti sembra oggettiva o soggettiva?

c) Ci sono commenti o valutazioni riguardo ai fatti raccontati?

d) Qual è il tuo sentimento alla lettura del brano?

10.2. Ora discuti con un compagno. Secondo voi quali obbiettivi raggiunge nel lettore lo stile utilizzato da Primo Levi per raccontare questo episodio?

12

Intermezzo
Luigi Malerba – *Una gallina timida*

1. Completa il cruciverba.

ORIZZONTALI →

1. Parlare del più e del meno = fare quattro _____ .
3. Passato remoto di *credere* = lei _____ .
6. Suono che ritorna.
9. Una persona cara.
11. Viene dopo la notte.
12. Mia, tua, _____, nostra, vostra, loro.
14. Uno dei verbi ausiliari.
15. È fatto solo di erba.

VERTICALI ↓

1. Sinonimo di "uguale a"
2. Pronome relativo.
3. Il verso della gallina.
4. Preposizione semplice (no *da*)
5. Chi ha difficoltà a fare amicizia è una persona _____ .
7. Articolo femminile singolare.
8. Articolo maschile singolare
10. Passato remoto di *andare* = lei _____ .
13. Articolo femminile singolare.
14. a + il.

---

2. Il racconto di Malerba inizia con queste parole:"Una gallina timida un giorno fece…" Continua il racconto usando la logica, la fantasia e tutte le parole che hai trovato nel cruciverba. Le parole che devi usare sono elencate qui sotto. Se vuoi, puoi utilizzarle più di una volta.

| al | amica | andò | avere | come | chiacchiere | coccodè | che | eco | di |

| giorno | la (*articolo*) | prato | sua | timida | un |

Una gallina timida un giorno fece...

3. Ora prova ad inserire le parole del cruciverba (elencate qui sotto in ordine alfabetico) nel racconto di Malerba. Fai attenzione perché alcune vengono ripetute.

al | amica (2) | andò | avere | come (2) | chiacchiere | coccodè (2) | che | eco (2)
di (4) | giorno | la (*articolo*) (2) | prato | sua | timida (2)

Una gallina timida un giorno fece _____ in mezzo a un _____ in prossimità _____ una cava _____ tufo. Le rispose l'_____. _____ gallina fece _____ un'altra volta e l'_____ rispose _____ nuovo. _____ gallina credette _____ _____ trovato un'_____ _____ _____ lei _____ le rispondeva ma non voleva farsi vedere. Ogni _____ _____ in mezzo _____ prato a fare quattro _____ con la _____ _____ _____ _____ lei.

4. Leggi il racconto completo.

Una gallina timida un giorno fece coccodè in mezzo a un prato in prossimità di una cava di tufo. Le rispose l'eco. La gallina fece coccodè un'altra volta e l'eco rispose di nuovo. La gallina credette di avere trovato un'amica timida come lei che le rispondeva ma non voleva farsi vedere. Ogni giorno andò in mezzo al prato a fare quattro chiacchiere con la sua amica timida come lei.

Luigi Malerba, *Una gallina timida*, in *Le galline pensierose*, Einaudi, Torino, 1980

5. Quali sono le caratteristiche di questo racconto? Discutine con un compagno.

Antonio Tabucchi
(Pisa, 1943)

L'autore

Antonio Tabucchi è nato a Pisa nel 1943. Si è laureato in Lettere Moderne nella sua città con una tesi sul "Surrealismo in Portogallo" e ha continuato la carriera universitaria alla Normale. Attualmente insegna Lingua e Letteratura portoghese all'Università di Siena e si dedica alla sua attività di romanziere e saggista. Notevole la sua opera di traduttore e critico del poeta portoghese Fernando Pessoa di cui ha curato l'edizione italiana dell'opera completa.

Il suo esordio letterario è nel 1975 con il romanzo *Piazza d'Italia*. Da allora ha pubblicato numerosi romanzi e racconti. Il suo più grande successo è stato il romanzo *Sostiene Pereira*, vincitore di alcuni premi letterari, che gli ha dato grande notorietà e l'ha fatto entrare di diritto nel gruppo dei più importanti scrittori italiani contemporanei.

Nell'Opera di Tabucchi è fortissima l'influenza dei luoghi che più ama: la Toscana e il Portogallo, con i propri ambienti, le proprie immagini, il proprio mondo. Anche la tecnica narrativa ha caratteri molto personali: nei romanzi, in cui predilige lo stile del giallo e del poliziesco, prevale una letteratura d'inchiesta che ricorda per alcuni aspetti l'opera di Sciascia e Dürrenmatt.

Le opere principali

Piazza Italia (1975 - 1993); *Il gioco del rovescio* (1981 - 1989); *Notturno indiano* (1984); *I dialoghi mancati* (1988); *Requiem* (1992); *Sostiene Pereira* (1994); *La testa perduta di Damasceno Monteiro* (1997).

Il libro da cui è tratto il brano

Voci è un racconto contenuto nella raccolta *Il gioco del rovescio*. Il significato di questi racconti è spesso nascosto, va trovato, e non si svela mai con chiarezza alla fine della ricerca. Le domande si susseguono ma ciò che più conta è il cercare. Anche perché i finali inquietano e allarmano per la loro contraddittorietà, non danno certezze ma piuttosto instillano dubbi e stimolano alla ricerca di altre angolature da cui spiare l'esistenza.

Caratteristiche del brano scelto

Un uomo, che si presenta come Fernando, telefona ad una ragazza che lavora al "telefono amico". Fernando è molto ironico e rivela da subito una grande disponibilità a parlare e a scherzare. La donna non vuole turbare questa atmosfera ma ben presto si rende conto che Fernando le sta comunicando, con i suoi scherzi, degli indizi per scoprire che sta per suicidarsi.

Percorsi

Il racconto, dal titolo *Voci*, ha per protagonista una donna che riceve telefonate al "telefono amico". Dà l'impressione di essere una persona molto sicura, di avere una tranquillità interiore che le permette di aiutare chi effettivamente ha bisogno. Questa immagine di disinvoltura tuttavia nel finale verrà messa in crisi per rivelare una realtà diversa della donna, disturbata e vulnerabile.

Altre opere da proporre in classe

Gli altri racconti del *Il gioco del rovescio* sono adatti alla lettura da parte di studenti di livello avanzato, per le caratteristiche che sono state descritte precedentemente. L'opera più rappresentativa dello stile di Tabucchi è senza dubbio il romanzo *Sostiene Pereira*, ambientato a Lisbona nel 1938, all'epoca della dittatura di Salazar. Dal libro è stato tratto un film omonimo interpretato da Marcello Mastroianni.

Antonio Tabucchi
da *Voci*

1   Attività introduttiva

1.1.   Leggi e cerca di capire l'inizio del brano che leggerai. Puoi usare il dizionario.

> Il telefono ha suonato ancora. Io ho pronunciato la solita formula,
> dall'altra parte c'è stata una breve esitazione: mi chiamo Fernando.

1.2. Completa il paragrafo con le parti mancanti elencate di seguito. Attenzione: devi usare solo **quattro** dei cinque spazi. Fai attenzione alla punteggiatura. Quando hai finito consultati con un compagno.

Il telefono ha suonato ancora ☐ . Io ho pronunciato la solita formula, ☐ dall'altra parte ☐ c'è stata una breve esitazione ☐ : mi chiamo Fernando ☐

> 1. forse con una certa stanchezza,
> 2. alle sette e mezza
> 3. ma non sono un gerundio.
> 4. , poi la voce ha detto

13

1.3.   Riscrivi il paragrafo ricostruito.

_____

_____

_____

_____

1.4. La protagonista del racconto è una donna. Che lavoro fa?

     1. ☐ l'insegnante   2. ☐ la psicologa   3. ☐ la musicista

2.1.   Leggi il testo.

1	(…) Il telefono ha suonato ancora alle sette e mezza. Io ho pronunciato la solita formula, forse con una certa stanchezza, dall'altra parte c'è stata una breve esitazione, poi la voce ha detto: mi chiamo Fernando ma non sono un gerundio. È sempre buona norma apprezzare le battute di chi chiama, rivelano il desiderio di stabilire un contatto, e io ho riso. Ho risposto che io avevo un nonno che si
5	chiamava Andrej, ma non era un condizionale, era solo russo; e anche lui ha riso un poco. E poi ha detto che comunque aveva qualcosa in comune coi verbi, che aveva una qualità di quelli. Che era intransitivo. Tutti i verbi servono alla costruzione della frase, ho detto io. Mi sembrava che la conversazione consentisse un tono allusivo, e poi bisogna sempre assecondare il registro scelto da chi chiama. Ma io sono deponente, ha detto. Deponente in che senso, ho chiesto io. Nel senso che
10	depongo, ha detto lui, depongo le armi. Forse l'errore stava nel pensare che le armi non dovessero essere deposte, non gli pareva?, forse ci avevano insegnato una cattiva grammatica, era meglio lasciare che le armi le usassero i belligeranti, c'era tanta gente disarmata, poteva essere certo di avere una compagnia numerosa. Lui ha detto: sarà, e io ho detto che la nostra conversazione pareva la tavola dei verbi coniugati, e questa volta è toccato a lui ridere, una risata breve e ruvida.

Antonio Tabucchi, da *Voci*, in *Il gioco del rovescio*, Feltrinelli, Milano, 1988

2.2.   Alle righe 2 e 3 l'uomo che telefona dice: "mi chiamo Fernando ma non sono un gerundio". La donna al telefono ride perché l'uomo ha fatto un gioco di parole con il suo nome. Confrontati con un compagno per capire meglio qual è questo gioco.

2.3.   Fernando e la donna fanno altri giochi di parole, trovateli nel testo e spiegateli.

13

3.1. Continua a leggere.

1   E poi mi ha chiesto se conoscevo il rumore del tempo. No, ho detto io, non lo conosco. Bene, fa lui, basta mettersi a sedere sul letto, durante la notte, quando uno non riesce a dormire, e restare a occhi aperti nel buio, e dopo un po' si sente, è come un muggito in lontananza, come l'alito di un animale che divora la gente. Perché non mi raccontava meglio quelle notti, aveva tutto il tempo, e io

5   non avevo altro da fare che stare ad ascoltarlo. Ma intanto lui era già altrove, aveva saltato un nesso indispensabile affinché io seguissi il filo della storia; lui di quel passaggio non aveva bisogno, o forse preferiva evitarlo. Ma io l'ho lasciato parlare, non bisogna mai interrompere per nessun motivo, ma poi mi è piaciuta la sua voce, era leggermente stridula e talvolta un sussurro. La casa è molto grande, ha detto, è una casa antica, ci sono i mobili dei miei antenati, orrendi mobili stile impero con le

10   zampe; e poi tappeti consunti e quadri di uomini burberi e di donne altere e infelici, col labbro inferiore impercettibilmente pendente. Sa perché quella bocca ha quella forma curiosa?, perché l'amarezza di tutta una vita si disegna sul labbro inferiore e lo abbassa, quelle donne hanno passato notti insonni accanto a mariti stupidi e incapaci di tenerezza, e anche loro, quelle donne, stavano a occhi aperti nel buio, coltivando risentimento. Nello spogliatoio attiguo alla mia camera ci sono ancora

15   cose di lei, quello che ha lasciato: un po' di biancheria atrofizzata su di uno sgabello, una piccola catena d'oro che portava al polso, un fermacapelli di tartaruga. La lettera è sul cassettone, sotto la campana di vetro che una volta custodiva una mastodontica sveglia di Basilea, quella sveglia la ruppi io quand'ero bambino, un giorno che ero malato, nessuno saliva a vedermi, me lo ricordo come se fosse ieri, mi alzai e sottrassi la sveglia alla sua custodia, aveva un tic tac pauroso, tolsi il coperchio

20   del fondo e la smontai metodicamente finché il lenzuolo non fu cosparso di tutti i suoi minuscoli ingranaggi. Se vuole gliela posso leggere, intendo la lettera, anzi gliela ripeto a memoria, io la leggo tutte le sere: Fernando, se solo tu sapessi come ti ho odiato in questi anni… Comincia così, il resto lo può arguire da sola, la campana di vetro custodisce un odio massiccio e compresso. E poi ha saltato ancora un passaggio, ma questa volta ho creduto di capire il nesso, ha detto: e ora

25   come sarà Giacomino? Chi sarà diventato? È un uomo, da qualche parte del mondo. E allora io gli ho chiesto se quella lettera aveva per data il quindici di agosto, perché lo avevo intuito, e lui aveva detto di sì, che era proprio l'anniversario, e che lo avrebbe celebrato come si conveniva, aveva già pronto lo strumento della celebrazione, era lì sul tavolo, accanto al telefono. (…)

Antonio Tabucchi, da *Voci*, in *Il gioco del rovescio*, Feltrinelli, Milano, 1988

3.2. Quali oggetti della sua casa descrive Fernando?

mobili stile impero

3.3. Confrontati con un compagno e discutete insieme sul sentimento che questi oggetti provocano in Fernando.

3.4. Fernando parla anche di un oggetto che ora non è più nella casa.

a) Qual è?

b) Perché non è più nella casa?

c) Perché Fernando lo ricorda?

4 | Scelta multipla "lessico"

4. Riprendi i testi delle attività 2.1 e 3.1 Scegli, per le parole o espressioni elencate, il significato appropriato nel contesto.

2 - riga 4 – *stabilire*
1 ☐ dare
2 ☐ creare
3 ☐ mettere

2 - riga 8 – *allusivo*
1 ☐ che si può interpretare in diversi modi
2 ☐ divertente
3 ☐ un po' volgare

2 - riga 8 – *assecondare*
1 ☐ mettere in secondo piano
2 ☐ mettere in evidenza
3 ☐ favorire

2 - riga 9 – *depongo (deporre)*
1 ☐ lasciare
2 ☐ prendere
3 ☐ caricare

2 - riga 11 – *pareva (parere)*
1 ☐ dare un'opinione personale
2 ☐ sembrare
3 ☐ diventare

2 - riga 12 – *belligeranti*
1 ☐ quelli che sono potenti
2 ☐ quelli che fanno la guerra
3 ☐ quelli che sono belli

3 - riga 4 – *divora (divorare)*
1 ☐ odorare
2 ☐ guardare
3 ☐ mangiare

3 - riga 6 – *nesso*
1 ☐ collegamento
2 ☐ silenzio
3 ☐ discorso

3 - riga 8 – *stridula*
1 ☐ profonda, di tonalità bassa
2 ☐ acuta, di tonalità alta
3 ☐ brutta

3 - riga 10 – *consunti*
1 ☐ nuovi
2 ☐ belli, eleganti
3 ☐ consumati, vecchi

3 - riga 17 – *mastodontica*
1 ☐ grandissima
2 ☐ bellissima
3 ☐ bruttissima

3 - riga 19 – *sottrassi (sottrarre)*
1 ☐ spostare
2 ☐ levare
3 ☐ rompere

3 - riga 23 – *arguire*
1 ☐ dire
2 ☐ eliminare
3 ☐ capire

3 - riga 26 – *avevo intuito (intuire)*
1 ☐ mandare dentro
2 ☐ immaginare
3 ☐ sapere

3 - riga 27 – *come si conveniva*
1 ☐ come si arrivava insieme
2 ☐ nel modo migliore
3 ☐ come sempre

13

5   Produzione libera orale "la tua vita nel futuro"

5. Quali sono le prospettive della tua vita? Cosa ti aspetti dal futuro, come vorresti che fosse?

6   Lettura analitica "congiuntivo imperfetto"

6.1. Prendi i testi delle attività 2 e 3 e sottolinea tutti i verbi al **congiuntivo imperfetto**. Il primo è alla riga 8: "consentisse".

6.2. Ti ricordi le forme del congiuntivo imperfetto? Prova a completarne la coniugazione.

CONGIUNTIVO IMPERFETTO		
	usare	sapere	seguire
io			seguissi
tu		sapessi	
lui/lei			
noi			
voi			
loro	usassero		

6.3. Copia nello schema i verbi al congiuntivo imperfetto dei testi 2 e 3. Poi scrivi, per ogni verbo, quale elemento nella frase determina l'uso del congiuntivo.

consentisse	

13

6.4. In due casi l'autore poteva usare ancora il congiuntivo imperfetto ma ha utilizzato l'imperfetto indicativo. In tutti e due i casi si tratta di due frasi che esprimono una domanda in modo indiretto.
Trovali nel testo della attività 3.1. Poi consultati con un compagno.

7 Produzione libera scritta "un dialogo"

7. Insieme ad un compagno scrivi un dialogo tra una persona che chiama al "telefono amico" e un operatore psicologo che l'aiuta.
Quando avete finito registrate il dialogo su una audiocassetta.

8 Cloze "indicativo imperfetto o congiuntivo imperfetto"

8. Inserisci i verbi elencati qui sotto coniugandoli all'**indicativo imperfetto** o al **congiuntivo imperfetto**. I verbi sono in ordine.

1. avere	2. avere	3. avere	4. consentire	5. dovere	6. usare

7. parere	8. raccontare	9. seguire	10. preferire

Il telefono ha suonato ancora alle sette e mezza. Io ho pronunciato la solita formula, forse con una certa stanchezza, dall'altra parte c'è stata una breve esitazione, poi la voce ha detto: mi chiamo Fernando ma non sono un gerundio. È sempre buona norma apprezzare le battute di chi chiama, rivelano il desiderio di stabilire un contatto, e io ho riso. Ho risposto che io [1]_____ un nonno che si chiamava Andrej, ma non era un condizionale, era solo russo; e anche lui ha riso un poco. E poi ha detto che comunque [2]_____ qualcosa in comune coi verbi, che [3]_____ una qualità di quelli. Che era intransitivo. Tutti i verbi servono alla costruzione della frase, ho detto io. Mi sembrava che la conversazione [4]_____ un tono allusivo, e poi bisogna sempre assecondare il registro scelto da chi chiama. Ma io sono deponente, ha detto. Deponente in che senso, ho chiesto io. Nel senso che depongo, ha detto lui, depongo le armi. Forse l'errore stava nel pensare che le armi non [5]_____ essere deposte, non gli pareva?, forse ci avevano insegnato una cattiva grammatica, era meglio lasciare che le armi le [6]_____ i belligeranti, c'era tanta gente disarmata, poteva essere certo di avere una compagnia numerosa. Lui ha detto: sarà, e io ho detto che la nostra conversazione [7]_____ la tavola dei verbi coniugati, e questa volta è toccato a lui ridere, una risata breve e ruvida. E poi mi ha chiesto se conoscevo il rumore del tempo. No, ho detto io, non lo conosco. Bene, fa lui, basta mettersi a sedere sul letto, durante la notte, quando uno non riesce a dormire, e restare a occhi aperti nel buio, e dopo un po' si sente, è come un muggito in lontananza, come l'alito di un animale che divora la gente. Perché non mi [8]_____ meglio quelle notti, aveva tutto il tempo, e io non avevo altro da fare che stare ad ascoltarlo. Ma intanto lui era già altrove, aveva saltato un nesso indispensabile affinché io [9]_____ il filo della storia; lui di quel passaggio non aveva bisogno, o forse [10]_____ evitarlo.

13

Riscrittura "da discorso indiretto a discorso diretto"

9. Riscrivi il finale del racconto trasformando il discorso indiretto in discorso diretto, come se dovessi scrivere un dialogo teatrale.

Mi ha chiesto se mi poteva telefonare a casa. Spiacente, non avevo telefono. E qui? Certo, qui quando voleva, no, domani no, purtroppo, però certo che poteva lasciarmi un messaggio, anzi doveva farlo, c'era un altro amico al mio posto che poi me lo avrebbe trasmesso, sarei stata contenta.

Fernando – _Le posso telefonare a casa?_ _____

Ragazza – _____

Fernando – _____

Ragazza – _____

Fernando – _____

Ragazza – _____

Fernando – _____

Ragazza – _____

Analisi testuale

10. Come definiresti Fernando? Rileggi il testo completo, scegli uno o più aggettivi e poi discutine con un compagno.

☐ matto   ☐ triste   ☐ giocoso   ☐ malato

☐ ironico   ☐ drammatico   ☐ stupido   ☐ altro _____

Antonio Tabucchi

13

Umberto Eco
(Alessandria, 1932)

14

L'autore

Umberto Eco è professore di Semiotica e presidente della Scuola Superiore di Studi Umanistici presso l'Università di Bologna. È stato uno dei primi in Italia a studiare i meccanismi dell'arte contemporanea e della cultura di massa. In seguito ha sviluppato le sue ricerche soprattutto nella direzione dalla semiotica. Fondamentale in questo campo è il suo *Trattato di semiotica generale* (1975).

È forse il più famoso scrittore italiano contemporaneo nel mondo, grazie al suo romanzo d'esordio, *Il nome della rosa* (Premio Strega, 1981), da cui è stato tratto nel 1986 l'omonimo film di Jean-Jacques Annaud. Collabora dal 1985 con il settimanale *L'Espresso* sul quale cura una rubrica dal titolo *La bustina di Minerva* in cui prevale una brillante vena di umorista colto.

Le opere principali

Il nome della rosa (1981); *Il pendolo di Foucault* (1988); *L'isola del giorno prima* (1994); *Baudolino* (2000). Raccolte di racconti, riflessioni e testi vari sono *Diario minimo* (1963) e *Il secondo diario minimo* (1990). *La bustina di minerva* (1999) è una raccolta dei suoi scritti per *L'Espresso*.

Il libro da cui è tratto il brano

Il secondo diario minimo è una raccolta di testi di ogni genere che mostra in maniera esemplare il virtuosismo e l'eclettismo letterario di Umberto Eco. Si va dai racconti di fantascienza alle divertenti "istruzioni per l'uso", dalle "filastrocche per adulti" ai "giochi di parole", il tutto condito con l'ironia che contraddistingue l'autore. Per la raffinatezza dello stile la lettura è comunque indicata a studenti che abbiano una buona conoscenza della lingua.

Caratteristiche del brano scelto

Come reagire ai volti noti è un divertente e non moralistico apologo sul ruolo dei *mass media* nella nostra cultura. Che succede se incontriamo per caso un grande attore? Lo accetteremo come essere umano o penseremo di essere davanti ad uno schermo cinematografico o televisivo? Il brano è piuttosto complesso dal punto di vista lessicale, il che potrebbe inibire la lettura a studenti di livello non progredito.

Percorsi

All'interno de *Il secondo diario minimo* la sezione delle "Istruzioni per l'uso" è quella che si presta di più alla lettura da parte di studenti stranieri di italiano. In due sole pagine Eco affronta con leggerezza i temi più svariati, senza mai cedere alla retorica e al conformismo.

Altre opere da proporre in classe

Umberto Eco nel mondo è sinonimo di *Il nome della rosa*. Il romanzo è molto lungo e difficile, tuttavia si può stimolarne una lettura autonoma utilizzando il film tratto dal libro. Far leggere un brano e poi vedere la parte di film corrispondente può essere un ottimo esercizio per entrare nella storia, conoscere i personaggi e l'atmosfera del racconto, facilitando l'approccio con un testo che altrimenti rischia di risultare particolarmente ostico. Un libro che riserva una gran quantità di materiali da usare in classe è *La bustina di minerva*. Sono testi delle stesse caratteristiche di *Come reagire ai volti noti* (tratto pure dalla stessa rubrica giornalistica), alcuni su temi molto legati alla cultura e alla società italiane e altri a fenomeni di costume attuali, come il mondo di Internet, dei computer e della tecnologia in genere.

Umberto Eco
Come reagire ai volti noti

---

1   Attività introduttiva

1.   Leggi e prima di proseguire scegli, per le parole o espressioni sottolineate, il significato che ti sembra più appropriato.

Qualche mese fa **mi trovavo a passeggiare** per New York
- 1. ☐ facevo per caso una passeggiata a
- 2. ☐ ho incontrato un amico che faceva una passeggiata a
- 3. ☐ ho trovato un posto dove passeggiare a

quando ho visto da lontano
- 1. ☐ ogni volta che
- 2. ☐ dove
- 3. ☐ e improvvisamente

un tizio che conoscevo benissimo, e che stava venendo verso di me.
- 1. ☐ un palazzo
- 2. ☐ una persona
- 3. ☐ un animale

Il guaio era che non mi ricordavo dove l'avevo conosciuto e come si chiamasse.
- 1. ☐ la fortuna
- 2. ☐ il problema
- 3. ☐ la cosa sicura

È una di quelle sensazioni che si provano *specie* quando in una città straniera si incontra qualcuno conosciuto in patria,
- 1. ☐ razza
- 2. ☐ soprattutto
- 3. ☐ in modo familiare

o *viceversa*.
- 1. ☐ lo stesso
- 2. ☐ il contrario
- 3. ☐ non si sa

Una faccia *fuori posto* crea confusione.
- 1. ☐ nel posto sbagliato
- 2. ☐ fuori città
- 3. ☐ brutta

2.1 Gruppo A.
Avete 15 minuti di tempo a disposizione per immaginare insieme una storia. Questa storia deve:
1. essere la continuazione del paragrafo che avete letto in precedenza;
2. comprendere le 5 parole che sono scritte qui sotto. Se non ne conoscete il significato cercatelo sul dizionario oppure chiedetelo al vostro insegnante.
Attenzione: successivamente ognuno di voi dovrà raccontare in 10 minuti la storia ad un compagno del gruppo B, che dovrà cercare di scoprire quali sono le vostre cinque parole. Il vostro lavoro sarà quello di tentare di nasconderle il più possibile, perché per ogni parola che lui riesce a capire guadagnerà un punto.

2.2 Studente del gruppo A.
Ora mettiti faccia a faccia con uno studente del gruppo B, rileggi il paragrafo iniziale e continua la storia, usando la fantasia e le cinque parole elencate. Hai 10 minuti di tempo. Il tuo compagno non deve capire quali sono le parole che devi dire obbligatoriamente.

Charlton Heston
film
faccia
incidente
cravatta

> Qualche mese fa mi trovavo a passeggiare per New York quando ho visto da lontano un tizio che conoscevo benissimo, e che stava venendo verso di me. Il guaio era che non mi ricordavo dove l'avevo conosciuto e come si chiamasse. È una di quelle sensazioni che si provano specie quando in una città straniera si incontra qualcuno conosciuto in patria, o viceversa.
> Una faccia fuori posto crea confusione.

2.3. Ora ascolta la storia raccontata dal tuo compagno e mentre lui parla, cerca di individuare le sue cinque parole obbligate, scrivendole qui sotto.

14

1.
2.
3.
4.
5.

Umberto Eco

2.1.   Gruppo B.

Avete 15 minuti di tempo a disposizione per immaginare insieme una storia. Questa storia deve:

1. essere la continuazione del paragrafo che avete letto in precedenza;

2. comprendere le 5 parole che sono scritte più sotto. Se non ne conoscete il significato cercatelo sul dizionario oppure chiedetelo al vostro insegnante.

Attenzione: successivamente ognuno di voi dovrà raccontare in <u>10 minuti</u> la storia ad un compagno del gruppo A, che dovrà cercare di scoprire quali sono le vostre cinque parole. Il vostro lavoro sarà quello di tentare di nasconderle il più possibile, perché per ogni parola che lui riesce a capire guadagnerà un punto.

2.2. Studente del gruppo B.

Ora il tuo compagno ti racconterà la continuazione della storia del paragrafo che avete letto in precedenza. Ascoltala e, mentre lui parla, cerca di individuare le cinque parole che deve dire obbligatoriamente, scrivendole qui sotto.

1.
2.
3.
4.
5.

2.3. Adesso tocca a te. Rileggi il paragrafo e continua la storia. <u>Hai 10 minuti di tempo</u>. Ricordati che il tuo compagno non deve capire quali sono le tue parole che devi dire obbligatoriamente.

Anthony Quinn
sorriso
schermo
cavie
pesci

Qualche mese fa mi trovavo a passeggiare per New York quando ho visto da lontano un tizio che conoscevo benissimo, e che stava venendo verso di me. Il guaio era che non mi ricordavo dove l'avevo conosciuto e come si chiamasse. È una di quelle sensazioni che si provano specie quando in una città straniera si incontra qualcuno conosciuto in patria, o viceversa.

Una faccia fuori posto crea confusione.

3.1. Leggi il testo.

1	Qualche mese fa mi trovavo a passeggiare per New York quando ho visto da lontano un tizio che conoscevo benissimo, e che stava venendo verso di me. Il guaio era che non mi ricordavo dove l'avevo conosciuto e come si chiamasse. È una di quelle sensazioni che si provano specie quando in una città straniera si incontra qualcuno conosciuto in patria, o viceversa. Una faccia fuori posto crea confusione. E tuttavia quel viso mi era così familiare che certamente avrei dovuto fermarmi, salutare, magari lui mi avrebbe detto subito: "Caro Umberto, come stai?" e persino: "Hai poi fatto quella cosa che dicevi?" e io non avrei saputo che pesci pigliare. Fingere di non vederlo? Troppo tardi, lui stava ancora guardando dall'altra parte della strada, ma stava giusto volgendo lo sguardo nella mia direzione. Tanto valeva prendere l'iniziativa, salutare, e poi avrei cercato di ricostruire dalla voce, dalle prime battute.
2	Eravamo ormai a due passi, stavo per aprirmi a un vasto e radioso sorriso, tendere la mano, quando di colpo l'ho riconosciuto. Era Anthony Quinn. Naturalmente non lo avevo mai incontrato in vita mia, né lui me. In un millesimo di secondo ho fatto in tempo a frenare, e gli sono passato accanto con lo sguardo perduto nel vuoto.
3	Poi ho riflettuto sull'incidente e ho pensato che era normalissimo. Già un'altra volta in un ristorante avevo scorto Charlton Heston e avevo avuto l'impulso di salutarlo. Questi volti popolano la nostra memoria, abbiamo trascorso con loro molte ore davanti a uno schermo, ci sono diventati familiari come quelli dei nostri parenti, e anche di più. Si può essere studiosi delle comunicazioni di massa, discettare sugli effetti della realtà, sulla confusione tra reale e immaginario, e su coloro che in questa confusione cadono definitivamente, ma non si è immuni dalla sindrome. Solo che c'è di peggio.
4	Ho ricevuto confidenze di persone che per un ragionevole periodo sono state esposte ai mass media, apparendo con una certa frequenza in televisione. Non dico Pippo Baudo o Maurizio Costanzo, ma anche persone che avevano dovuto partecipare professionalmente a qualche dibattito, abbastanza per diventare riconoscibili. Lamentano tutte la stessa sgradevole esperienza. Di solito, quando vediamo qualcuno che non conosciamo personalmente, non lo fissiamo in faccia a lungo, non lo indichiamo con il dito ai nostri interlocutori, non parliamo ad alta voce di lui mentre ci può ascoltare. Sarebbero comportamenti ineducati e, oltre un certo limite, aggressivi. Le stesse persone che non indicherebbero con il dito l'avventore di un bar, solo per osservare con un amico che ha la cravatta alla moda, invece si comportano in modo assai diverso con i volti noti.
5	Le mie cavie affermano che davanti a una edicola, dal tabaccaio, mentre salgono sul treno, entrano in un gabinetto al ristorante, si trovano a incrociare altre persone che tra loro dicono ad alta voce: "Vedi, è proprio il Tale." "Ma sei sicuro?" "E come no, è proprio lui." E continuano la loro conversazione amabilmente, mentre il Tale li sente, incuranti del fatto che li senta, come se lui non esistesse.
6	Sono confusi dal fatto che un protagonista dell'immaginario massmediatico entri di colpo nella vita reale come se appartenesse ancora all'immaginario, come se fosse su uno schermo, o in fotografia su un rotocalco, e loro parlassero in sua assenza.
7	È come se io avessi afferrato Anthony Quinn per il bavero, l'avessi trascinato a una cabina telefonica e avessi chiamato un amico per dirgli: "Ma guarda che caso, ho incontrato Anthony Quinn, sai che sembra vero?" (e poi lo avessi buttato via, andandomene per i fatti miei).
8	I mass media prima ci hanno convinto che l'immaginario fosse reale, e ora ci stanno convincendo che il reale sia immaginario, e tanta più realtà gli schermi televisivi ci mostrano, tanto più cinematografico diventa il mondo di tutti i giorni. Sino a che, come volevano alcuni filosofi, penseremo di essere soli al mondo, e che tutto il resto sia il film che Dio o un genio maligno ci proietta davanti agli occhi.

Umberto Eco, *Come reagire ai volti noti*, in *Il secondo diario minimo*, Bompiani, Milano, 1992

3.2. Come definiresti questo racconto?
Scrivi qui sotto tre aggettivi e poi confrontati con un compagno motivando le tue scelte.

4. Fai il cruciverba qui sotto. Utilizza il testo della attività 3 per trovare le soluzioni: tutte le parole sono contenute nel paragrafo del testo segnato accanto alle definizioni.

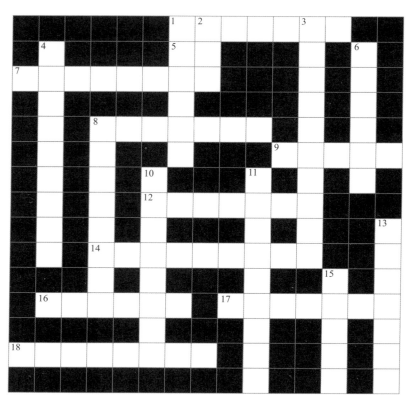

ORIZZONTALI →

1. Sinonimo di "istinto". (3)
5. Il primo pronome del racconto. (1)
7. Sinonimo di "malattia". (3)
8. Diminuire la velocità. (2)
9. Persona straordinariamente intelligente. (8)
12. Sinonimo di "gioioso". (2)
14. Sinonimo di "cliente". (4)
16. Sinonimo di "visto di sfuggita". (3)
17. Scambi di frase. (1)
18. Sinonimo di "abitano". (3)

VERTICALI ↓

1. Sinonimo di "liberi". (3)
2. Aggettivo possessivo. (5)
3. Il contrario di "gradevole". (4)
4. Discussione. (4)
6. Sinonimo di "soprattutto". (1)
8. Sinonimo di "guardiamo con insistenza". (4)
10. Si annoda al collo della camicia. (4)
11. Sinonimo di "rivista", "giornale". (6)
13. Al cinema o in TV, permette di vedere le immagini. (6)
15. Il contrario di "nessuno". (8)

(Tra parentesi i paragrafi nei quali si può trovare la soluzione)

5. Inserisci le parole e le espressioni elencate di seguito, aiutandoti con le loro funzioni nel testo.

ancora | di colpo | giusto | magari | naturalmente | ormai | persino | poi | quando | quando | tuttavia

introduce una azione improvvisa contemporanea a una situazione espressa in precedenza

introduce un'opposizione rispetto a un'idea espressa in precedenza

segnala che l'azione non è finita

sottolinea la coincidenza di un'azione

segnala l'arrivo ad un punto di non ritorno

segnala che il fatto è improvviso

introduce un'azione probabile o possibile

introduce un nuovo fatto particolarmente strano

introduce un evento posteriore, successivo

introduce una azione improvvisa contemporanea a una situazione espressa in precedenza

segnala che ciò di cui si parla è una cosa ovvia

Qualche mese fa mi trovavo a passeggiare per New York _____ ho visto da lontano un tizio che conoscevo benissimo, e che stava venendo verso di me. Il guaio era che non mi ricordavo dove l'avevo conosciuto e come si chiamasse. È una di quelle sensazioni che si provano specie quando in una città straniera si incontra qualcuno conosciuto in patria, o viceversa. Una faccia fuori posto crea confusione. E _____ quel viso mi era così familiare che certamente avrei dovuto fermarmi, salutare, _____ lui mi avrebbe detto subito: "Caro Umberto, come stai?" e _____: "Hai poi fatto quella cosa che dicevi?" e io non avrei saputo che pesci pigliare. Fingere di non vederlo? Troppo tardi, lui stava _____ guardando dall'altra parte della strada, ma stava _____ volgendo lo sguardo nella mia direzione. Tanto valeva prendere l'iniziativa, salutare, e _____ avrei cercato di ricostruire dalla voce, dalle prime battute.

Eravamo _____ a due passi, stavo per aprirmi a un vasto e radioso sorriso, tendere la mano, _____ _____ l'ho riconosciuto. Era Anthony Quinn. _____ non lo avevo mai incontrato in vita mia, né lui me. In un millesimo di secondo ho fatto in tempo a frenare, e gli sono passato accanto con lo sguardo perduto nel vuoto.

Produzione libera scritta "incontro col mio attore preferito"

6. Qual è la tua attrice preferita (o il tuo attore preferito)?

Prova ad immaginare un incontro con lei (o con lui) e scrivi come potrebbe essere andato.

Lettura analitica "congiuntivo"

7. Sottolinea nel testo le 14 forme verbali al **congiuntivo** e inseriscile nella tabella

paragrafo	congiuntivo presente	paragrafo	congiuntivo imperfetto	paragrafo	congiuntivo trapassato
		1	si chiamasse		

14

8. Scrivi nella tabella qual è l'elemento nella frase che determina l'uso di ogni congiuntivo.

paragrafo	forma verbale	il congiuntivo è determinato da...	congiuntivo obbligatorio
1	si chiamasse	Non mi ricordavo come...	no

9 Produzione libera orale "una nuova televisione"

9. Mettiti faccia a faccia con un compagno. Siete stati chiamati per creare i contenuti di una nuova televisione. Siete completamente liberi, anche di invitare in qualche programma i vostri divi preferiti.
Prendete carta e penna e preparate la scaletta dei programmi che andranno in onda nella prima settimana.

14

Umberto Eco

10.1. Prendi tre penne di colore diverso e sottolinea, tra le frasi **in neretto**: (1) le frasi che indicano la descrizione di una azione avvenuta; (2) le frasi che indicano le riflessioni del protagonista; (3) le frasi che indicano azioni possibili o probabili. Poi copiale nella tabella.

Qualche mese fa **mi trovavo a passeggiare per New York** quando **ho visto da lontano un tizio che conoscevo benissimo**, e che **stava venendo verso di me**. Il guaio era che **non mi ricordavo** dove l'avevo conosciuto e come si chiamasse. È una di quelle sensazioni che si provano specie quando in una **città straniera si incontra qualcuno** conosciuto in patria, o viceversa. **Una faccia fuori posto crea confusione.** E tuttavia **quel viso mi era così familiare** che certamente **avrei dovuto fermarmi, salutare**, magari **lui mi avrebbe detto** subito: "Caro Umberto, come stai?" e persino: "Hai poi fatto quella cosa che dicevi?" e **io non avrei saputo che pesci pigliare. Fingere di non vederlo?** Troppo tardi, **lui stava ancora guardando dall'altra parte della strada**, ma **stava giusto volgendo lo sguardo nella mia direzione. Tanto valeva prendere l'iniziativa, salutare**, e poi **avrei cercato di ricostruire** dalla voce, dalle prime battute.

Eravamo ormai a due passi, stavo per aprirmi a un vasto e radioso sorriso, tendere la mano, quando di colpo **l'ho riconosciuto**. Era Anthony Quinn. Naturalmente **non lo avevo mai incontrato** in vita mia, né lui me. In un millesimo di secondo **ho fatto in tempo a frenare**, e **gli sono passato accanto** con lo sguardo perduto nel vuoto.

Azioni descritte

Riflessioni

Ipotesi su possibili azioni

10.2. Guarda le forme verbali dei tre gruppi di frasi e cerca di riflettere insieme a uno o due compagni sulle regolarità e sulle eccezioni che notate.

Italo Svevo
(Trieste, 1861 - Motta di Livenza, Treviso, 1928)

L'autore

Di famiglia ebraica, Italo Svevo (pseudonimo di Ettore Schmitz) riuscì, grazie alle caratteristiche culturali della sua città natale Trieste, allora parte dell'impero austroungarico, ad assimilare una cultura mitteleuropea che gli consentì di acquisire uno straordinario spessore intellettuale. Al centro di questa sua formazione stanno la conoscenza della filosofia tedesca (soprattutto di Nietzsche e Schopenhauer) e della psicoanalisi di Freud. Rimase a lungo sconosciuto nonostante la pubblicazione di due romanzi: *Una vita* e *Senilità*, pubblicati sul finire dell'Ottocento. L'incontro fondamentale della sua vita fu quello con James Joyce, dal quale nel 1905 prendeva lezioni di inglese a Trieste. Il grande scrittore irlandese lo incoraggiò a scrivere ancora ma Svevo cominciò solo nel 1919 a lavorare al suo terzo romanzo: *La coscienza di Zeno*. Dal 1926 assistette finalmente al progressivo diffondersi della propria fama, tanto a lungo attesa. Purtroppo non poté goderne direttamente per molto tempo, poiché nel 1928 trovò la morte in un incidente automobilistico.

Le opere principali

Una vita (1892); *Senilità* (1898); *La coscienza di Zeno* (1923).

Il libro da cui è tratto il brano

La coscienza di Zeno è l'espressione più alta del decadentismo italiano. Con questo romanzo Svevo si inserisce tra i più grandi autori mitteleuropei, come Kafka, Musil e Mann, costruendo un personaggio, Zeno Cosini, radicalmente antitragico e antieroico.

Oggi *La coscienza di Zeno* è unanimemente considerato uno dei capolavori della letteratura italiana del Novecento. Attraverso la rappresentazione interiore della nevrosi del protagonista "inetto", Svevo riesce a rendere la soggettività del pensiero e dei ricordi, in una narrazione che appare completamente liberata dalle convenzioni realistiche ottocentesche.

Caratteristiche del brano scelto

Zeno Cosini, il protagonista del romanzo, racconta le volte in cui ha deciso, nella sua vita, di smettere di fumare. Decisione che ogni volta si dimostra un pretesto per poter godere di una "ultima sigaretta". Questo proposito col passare del tempo acquisisce i contorni di una vera e propria ossessione, una "malattia", come dice Zeno. Per i contenuti filosofici ed anche per la lingua piuttosto complessa, la lettura di questo brano è adatta a studenti di livello avanzato.

Percorsi

La coscienza di Zeno è una delle opere fondamentali della letteratura italiana, ma la lettura dell'intero romanzo non può non venir affiancata da uno studio della società e della cultura italiana degli anni venti e della letteratura mitteleuropea.

Altre opere da proporre in classe

La coscienza di Zeno rimane il capolavoro di Svevo. Gli altri romanzi possono considerarsi opere minori, seppur di un certo interesse.

Italo Svevo
da *La coscienza di Zeno*

1 Attività introduttiva

1.1. Leggi la prima frase del testo.

> Io non sapevo se amavo o odiavo la sigaretta e il suo sapore e lo stato
> in cui la nicotina mi metteva.

1.2. Nella continuazione del brano le dieci parole o espressioni sottolineate sono state scambiate a coppie. Rimettile in ordine e poi riscrivi il testo.

Io non sapevo se amavo o odiavo la sigaretta e il suo sapore e lo stato in cui la nicotina mi metteva. Quando seppi **da** odiare tutto ciò **prescrisse** peggio. E lo seppi **per qualche settimana** circa. Allora soffersi **a vent'anni** di **il** violento male di gola accompagnato **di** febbre. **Un** dottore **fu** il letto e l'assoluta **parola** dal fumo. Ricordo questa **astensione** *assoluta*!

Quando seppi di odiare tutto ciò _____

_____

_____

_____

_____

_____

_____

_____

_____

2. Leggi il testo.

1	Io non sapevo se amavo o odiavo la sigaretta e il suo sapore e lo stato in cui la nicotina mi metteva. Quando seppi di odiare tutto ciò fu peggio. E lo seppi a vent'anni circa. Allora soffersi per qualche settimana di un violento male di gola accompagnato da febbre. Il dottore prescrisse il letto e l'assoluta astensione dal fumo. Ricordo questa parola *assoluta*! Mi ferì e la febbre la colorì: un vuoto grande e niente per resistere all'enorme pressione che subito si produce intorno ad un vuoto.
5	
	Quando il dottore mi lasciò, mio padre (mia madre era morta da molti anni) con tanto di sigaro in bocca restò ancora per qualche tempo a farmi compagnia. Andandosene, dopo di aver passato dolcemente la sua mano sulla mia fronte scottante, mi disse:
	- Non fumare, veh!
10	Mi colse un'inquietudine enorme. Pensai: "Giacché mi fa male non fumerò mai più, ma prima voglio farlo per l'ultima volta". Accesi una sigaretta e mi sentii subito liberato dall'inquietudine ad onta che la febbre forse aumentasse e che ad ogni tirata sentissi alle tonsille un bruciore come se fossero state toccate da un tizzone ardente. Finii tutta la sigaretta con l'accuratezza con cui si compie un voto. E, sempre soffrendo orribilmente, ne fumai molte altre durante la malattia. Mio padre
15	andava e veniva col suo sigaro in bocca dicendomi:
	- Bravo, ancora qualche giorno di astensione dal fumo e sei guarito!
	Bastava questa frase per farmi desiderare ch'egli se ne andasse presto, presto, per permettermi di correre alla mia sigaretta. Fingevo di dormire per indurlo ad allontanarsi prima.
	Quella malattia mi procurò il secondo dei miei disturbi: lo sforzo di liberarmi dal primo. Le mie
20	giornate finirono coll'essere piene di sigarette e di propositi di non fumare più e, per dire subito tutto, di tempo in tempo sono ancora tali. La ridda delle ultime sigarette, formatasi a vent'anni, si muove tuttavia. Meno violento è il proposito e la mia debolezza trova nel mio vecchio animo maggior indulgenza. Da vecchi si sorride della vita e di ogni suo contenuto. Posso anzi dire che, da qualche tempo io fumo molte sigarette… che non sono le ultime.

Italo Svevo, da *La coscienza di Zeno*, (prima pubblicazione: 1923), Mondadori, Milano

3. Riprendi il testo della attività 2. Scegli, per le parole o espressioni elencate, il significato appropriato.

riga 3 – *prescrisse (prescrivere)*	1 ☐ – consigliare
	2 ☐ – vietare
	3 ☐ – ordinare

riga 4 – *astensione*	1 ☐ – eliminazione, rinuncia
	2 ☐ – compagnia, vicinanza
	3 ☐ – attenzione

riga 10 – *giacché*	1 ☐ – se
	2 ☐ – quando
	3 ☐ – poiché

riga 11/12 – *ad onta che*	1 ☐ – con la vergogna che
	2 ☐ – sebbene, nonostante
	3 ☐ – con il peso che

riga 13 – *un tizzone*	1 ☐ – una sigaretta
	2 ☐ – un pezzo di legno infuocato
	3 ☐ – una persona grande

riga 14 – *voto*	1 ☐ – elezione
	2 ☐ – valutazione
	3 ☐ – promessa solenne

riga 18 – *indurlo*	1 ☐ – fermarlo
	2 ☐ – aspettarlo
	3 ☐ – stimolarlo

riga 20 – *propositi*	1 ☐ – progetti
	2 ☐ – certezze
	3 ☐ – voglia

riga 21 – *di tempo in tempo*	1 ☐ – con il passare del tempo
	2 ☐ – con il brutto tempo
	3 ☐ – per tutto il tempo

riga 21 – *ridda*	1 ☐ – gioia
	2 ☐ – quantità confusa, disordinata
	3 ☐ – attenzione

riga 23 – *indulgenza*	1 ☐ – durezza
	2 ☐ – felicità
	3 ☐ – comprensione

4.1.   Riguarda il testo dell'attività 2. Completa la tabella con quello che il brano ti suggerisce.

	un personaggio famoso	una città	un piatto da mangiare	uno sport
Zeno				
Il padre di Zeno				
Il dottore di Zeno				

4.2.   Ritaglia dai giornali una immagine che ricordi Zeno, una che ricordi suo padre e una che ricordi il suo dottore.

4.3.   Ritaglia dai giornali una immagine da usare come copertina del romanzo.

4.4.   Scrivi tre aggettivi per descrivere il carattere di Zeno.

1.   Zeno è _____

2.   Zeno è _____

3.   Zeno è _____

4.5.   Scrivi due aggettivi per descrivere cos'è la sigaretta per Zeno.

1.   La sigaretta per Zeno è _____

2.   La sigaretta per Zeno è _____

4.6. Ora confronta le tue immagini e le tue risposte con quelle di un compagno, motivando le tue scelte e facendo domande sulle sue.

15

5. Sottolinea tutti i verbi al **gerundio**, al **participio passato** e al **participio presente**.

1   Io non sapevo se amavo o odiavo la sigaretta e il suo sapore e lo stato in cui la nicotina mi metteva. Quando seppi di odiare tutto ciò fu peggio. E lo seppi a vent'anni circa. Allora soffersi per qualche settimana di un violento male di gola accompagnato da febbre. Il dottore prescrisse il letto e l'assoluta astensione dal fumo. Ricordo questa parola *assoluta*! Mi ferì e la febbre la colorì: un vuoto
5   grande e niente per resistere all'enorme pressione che subito si produce intorno ad un vuoto.
    Quando il dottore mi lasciò, mio padre (mia madre era morta da molti anni) con tanto di sigaro in bocca restò ancora per qualche tempo a farmi compagnia. Andandosene, dopo di aver passato dolcemente la sua mano sulla mia fronte scottante, mi disse:
    - Non fumare, veh!
10 Mi colse un'inquietudine enorme. Pensai: "Giacché mi fa male non fumerò mai più, ma prima voglio farlo per l'ultima volta". Accesi una sigaretta e mi sentii subito liberato dall'inquietudine ad onta che la febbre forse aumentasse e che ad ogni tirata sentissi alle tonsille un bruciore come se fossero state toccate da un tizzone ardente. Finii tutta la sigaretta con l'accuratezza con cui si compie un voto. E, sempre soffrendo orribilmente, ne fumai molte altre durante la malattia. Mio padre
15 andava e veniva col suo sigaro in bocca dicendomi:
    - Bravo, ancora qualche giorno di astensione dal fumo e sei guarito!
    Bastava questa frase per farmi desiderare ch'egli se ne andasse presto, presto, per permettermi di correre alla mia sigaretta. Fingevo di dormire per indurlo ad allontanarsi prima.
    Quella malattia mi procurò il secondo dei miei disturbi: lo sforzo di liberarmi dal primo. Le mie
20 giornate finirono coll'essere piene di sigarette e di propositi di non fumare più e, per dire subito tutto, di tempo in tempo sono ancora tali. La ridda delle ultime sigarette, formatasi a vent'anni, si muove tuttavia. Meno violento è il proposito e la mia debolezza trova nel mio vecchio animo maggior indulgenza. Da vecchi si sorride della vita e di ogni suo contenuto. Posso anzi dire che, da qualche tempo io fumo molte sigarette… che non sono le ultime.

6.   Scrivi, per ognuno dei verbi sottolineati, una possibile frase corrispondente in forma esplicita, cioè con il verbo coniugato.

Io non sapevo se amavo o odiavo la sigaretta e il suo sapore e lo stato in cui la nicotina mi metteva. Quando seppi di odiare tutto ciò fu peggio. E lo seppi a vent'anni circa. Allora soffersi per qualche settimana di un violento male di gola **accompagnato** ( ) da febbre. Il dottore prescrisse il letto e l'assoluta astensione dal fumo. Ricordo questa parola *assoluta*! Mi ferì e la febbre la colorì: un vuoto grande e niente per resistere all'enorme pressione che subito si produce intorno ad un vuoto.

Quando il dottore mi lasciò, mio padre (mia madre era morta da molti anni) con tanto di sigaro in bocca restò ancora per qualche tempo a farmi compagnia. **Andandosene** ( ), dopo di aver passato dolcemente la sua mano sulla mia fronte **scottante** ( ), mi disse:

- Non fumare, veh!

Mi colse un'inquietudine enorme. Pensai: "Giacché mi fa male non fumerò mai più, ma prima voglio farlo per l'ultima volta". Accesi una sigaretta e mi sentii subito liberato dall'inquietudine ad onta che la febbre forse aumentasse e che ad ogni tirata sentissi alle tonsille un bruciore come se fossero state toccate da un tizzone ardente. Finii tutta la sigaretta con l'accuratezza con cui si compie un voto. E, sempre **soffrendo** ( ) orribilmente, ne fumai molte altre durante la malattia. Mio padre andava e veniva col suo sigaro in bocca **dicendomi** ( ):

- Bravo, ancora qualche giorno di astensione dal fumo e sei guarito!

Bastava questa frase per farmi desiderare ch'egli se ne andasse presto, presto, per permettermi di correre alla mia sigaretta. Fingevo di dormire per indurlo ad allontanarsi prima.

Quella malattia mi procurò il secondo dei miei disturbi: lo sforzo di liberarmi dal primo. Le mie giornate finirono coll'essere piene di sigarette e di propositi di non fumare più e, per dire subito tutto, di tempo in tempo sono ancora tali. La ridda delle ultime sigarette, **formatasi** ( ) a vent'anni, si muove tuttavia.

7. Inserisci nel testo, dove ritieni necessario, i pronomi e gli aggettivi elencati qui sotto in ordine.

suo   in cui   mi   lo   mi   la   si   mi   mio   mia   mi   sene   sua   mia   mi

Io non sapevo se amavo o odiavo la sigaretta e il sapore e lo stato la nicotina metteva. Quando seppi di odiare tutto ciò fu peggio. E seppi a vent'anni circa. Allora soffersi per qualche settimana di un violento male di gola accompagnato da febbre. Il dottore prescrisse il letto e l'assoluta astensione dal fumo. Ricordo questa parola *assoluta!* ferì e la febbre colorì: un vuoto grande e niente per resistere all'enorme pressione che subito produce intorno ad un vuoto.

Quando il dottore lasciò, padre (madre era morta da molti anni) con tanto di sigaro in bocca restò ancora per qualche tempo a far compagnia. Andando, dopo di aver passato dolcemente la mano sulla fronte scottante, disse:

- Non fumare, veh!

8. Mettiti faccia a faccia con un compagno in modo da formare coppie di fumatori o di non fumatori. Discutete per scrivere insieme un volantino da distribuire nella scuola in difesa dei diritti dei fumatori o dei non fumatori. Avete trenta minuti di tempo.

9. Inserisci i verbi coniugandoli al **gerundio** o al **participio presente** o **passato**. I verbi sono in ordine.

| 1. accompagnare | 2. andarsene | 3. scottare | 4. soffrire | 5. dire | 6. formarsi |

1   Io non sapevo se amavo o odiavo la sigaretta e il suo sapore e lo stato in cui la nicotina mi metteva. Quando seppi di odiare tutto ciò fu peggio. E lo seppi a vent'anni circa. Allora soffersi per qualche settimana di un violento male di gola [1]_____ da febbre. Il dottore prescrisse il letto e l'assoluta astensione dal fumo. Ricordo questa parola *assoluta*! Mi ferì e la febbre la colorì: un

5   vuoto grande e niente per resistere all'enorme pressione che subito si produce intorno ad un vuoto. Quando il dottore mi lasciò, mio padre (mia madre era morta da molti anni) con tanto di sigaro in bocca restò ancora per qualche tempo a farmi compagnia. [2]_____, dopo di aver passato dolcemente la sua mano sulla mia fronte [3]_____, mi disse:
- Non fumare, veh!

10   Mi colse un'inquietudine enorme. Pensai: "Giacché mi fa male non fumerò mai più, ma prima voglio farlo per l'ultima volta". Accesi una sigaretta e mi sentii subito liberato dall'inquietudine ad onta che la febbre forse aumentasse e che ad ogni tirata sentissi alle tonsille un bruciore come se fossero state toccate da un tizzone ardente. Finii tutta la sigaretta con l'accuratezza con cui si compie un voto. E, sempre [4]_____ orribilmente, ne fumai molte altre durante la malattia.

15   Mio padre andava e veniva col suo sigaro in bocca [5]_____ mi:
- Bravo, ancora qualche giorno di astensione dal fumo e sei guarito!
Bastava questa frase per farmi desiderare ch'egli se ne andasse presto, presto, per permettermi di correre alla mia sigaretta. Fingevo di dormire per indurlo ad allontanarsi prima.
Quella malattia mi procurò il secondo dei miei disturbi: lo sforzo di liberarmi dal primo. Le mie

20   giornate finirono coll'essere piene di sigarette e di propositi di non fumare più e, per dire subito tutto, di tempo in tempo sono ancora tali. La ridda delle ultime sigarette, [6]_____ a vent'anni, si muove tuttavia. Meno violento è il proposito e la mia debolezza trova nel mio vecchio animo maggior indulgenza. Da vecchi si sorride della vita e di ogni suo contenuto. Posso anzi dire che, da qualche tempo io fumo molte sigarette… che non sono le ultime.

15

Italo Svevo

10. Inserisci nel testo i verbi elencati di seguito, coniugandoli all'indicativo **passato remoto** o **imperfetto**. I verbi sono in ordine.

1. sapere	9. ferire	17. sentire
2. odiare	10. colorire	18. andare
3. mettere	11. lasciare	19. venire
4. sapere	12. restare	20. bastare
5. essere	13. dire	21. fingere
6. sapere	14. cogliere	22. procurare
7. soffrire	15. pensare	23. finire
8. prescrivere	16. accendere	

Io non ¹_____ se amavo o ²_____ la sigaretta e il suo sapore e lo stato in cui la nicotina mi ³_____. Quando ⁴_____ di odiare tutto ciò ⁵_____ peggio. E lo ⁶_____ a vent'anni circa. Allora ⁷_____ per qualche settimana di un violento male di gola accompagnato da febbre. Il dottore ⁸_____ il letto e l'assoluta astensione dal fumo. Ricordo questa parola *assoluta*! Mi ⁹_____ e la febbre la ¹⁰_____: un vuoto grande e niente per resistere all'enorme pressione che subito si produce intorno ad un vuoto.

Quando il dottore mi ¹¹_____, mio padre (mia madre era morta da molti anni) con tanto di sigaro in bocca ¹²_____ ancora per qualche tempo a farmi compagnia. Andandosene, dopo di aver passato dolcemente la sua mano sulla mia fronte scottante, mi ¹³_____:

- Non fumare, veh!

Mi ¹⁴_____ un'inquietudine enorme. ¹⁵_____: "Giacché mi fa male non fumerò mai più, ma prima voglio farlo per l'ultima volta". ¹⁶_____ una sigaretta e mi ¹⁷_____ subito liberato dall'inquietudine ad onta che la febbre forse aumentasse e che ad ogni tirata sentissi alle tonsille un bruciore come se fossero state toccate da un tizzone ardente. Finii tutta la sigaretta con l'accuratezza con cui si compie un voto. E, sempre soffrendo orribilmente, ne fumai molte altre durante la malattia. Mio padre ¹⁸_____ e ¹⁹_____ col suo sigaro in bocca dicendomi:

- Bravo, ancora qualche giorno di astensione dal fumo e sei guarito!

²⁰_____ questa frase per farmi desiderare ch'egli se ne andasse presto, presto, per permettermi di correre alla mia sigaretta. ²¹_____ di dormire per indurlo ad allontanarsi prima.

Quella malattia mi ²²_____ il secondo dei miei disturbi: lo sforzo di liberarmi dal primo. Le mie giornate ²³_____ coll'essere piene di sigarette e di propositi di non fumare più e, per dire subito tutto, di tempo in tempo sono ancora tali.

11. Riguarda il lavoro svolto nell'attività precedente insieme ad un compagno confrontando l'esercizio con l'originale (attività 2). Per ogni numero, interrogatevi secondo la sequenza di domande scritte qui sotto.

La mia ipotesi è uguale a quella usata nell'originale?

1. Sì ➡ Ok, vai avanti al prossimo numero.

2. No:

La forma che io ho usato è possibile?

1. No ➡ Ok, vai avanti al prossimo numero.

2. Sì:

Con questa forma cambia qualcosa nel significato?

1. No ➡ Vai avanti al prossimo numero. Ma mi sembra molto strano.

2. Sì:

Come cambia?

15

Istruzioni per l'insegnante

Achille Campanile - In campagna è un'altra cosa

Attività 11. Gioco "dettato a distanza"
L'insegnante deve fotocopiare il brano di Achille Campanile. Fare un segno visibile (una linea orizzontale) a circa metà testo (riga 17) e fare altre fotocopie (numero degli studenti diviso 2).
L'insegnante crea squadre di due persone (studente n° 1 e studente n° 2). Tutti i n° 1 sono seduti con carta e penna con la schiena più vicina possibile ad una parete dell'aula. Sull'altra parete l'insegnante attacca una fotocopia del testo (tanti fogli quante sono le coppie). I n° 2 sono in piedi e al "via" dell'insegnante corrono verso il foglio, leggono e corrono indietro a dettare al n° 1 tutto quanto possono ricordare del testo. A metà testo (linea orizzontale) le coppie cambiano i compiti (chi correva si siede a scrivere e chi scriveva corre). La coppia che finisce per prima prende 150 punti, la seconda 140, la terza 130, ecc. Al termine della corsa ogni coppia corregge il lavoro di un'altra squadra (la coppia 1 corregge il lavoro della coppia 2, la 2 quello della 3, ecc.). Ogni differenza rispetto all'originale varrà 1 punto in meno. Vince la coppia che ha ottenuto più punti.

Natalia Ginzburg – Caro Michele

Attività 7. Gioco "descrizione"
Invitare gli studenti a scrivere la descrizione di ogni altro compagno della classe. Quando tutti hanno finito farle consegnare ai diretti interessati. Ognuno deve analizzare le proprie e mettere da una parte quelle che ritiene corrette e da un'altra parte quelle che ritiene scorrette grammaticalmente. Quando tutti hanno completato questa fase di analisi, ognuno restituisce al mittente le frasi scorrette e tiene con sé quelle giuste. In caso di contestazione si può chiamare l'insegnante.
Vince il gioco la persona che ha davanti a sé il numero minore di foglietti, perde quella che ne ha di più.

Stefano Benni – Fratello Bancomat

Attività 3. Produzione libera orale "intervista all'autore"
L'insegnante divide la classe in due gruppi A e B. Manda il gruppo B fuori dall'aula.
Indicazioni per il gruppo A: *Ognuno di voi è un giornalista di una radio. Verrà come ospite Stefano Benni a leggere il racconto "Fratello Bancomat". Dopo dovrete fargli un'intervista. È il vostro primo incarico importante e la vostra occasione. Se dimostrerete di essere un bravo giornalista il direttore della radio vi darà un posto fisso. Avete solo 15 minuti di tempo per prepararvi.*
Indicazioni per il gruppo B: *Non siete Stefano Benni ma avete detto a tutti di esserlo. Una importante radio privata vi chiama per parlare del vostro racconto "Fratello Bancomat". Dovete andare. Avete solo 15 minuti per prepararvi.*

Dino Buzzati – Incontro notturno

Attività 4. Produzione libera orale "festa di beneficenza"
L'insegnante divide la classe in due gruppi A e B. Manda il gruppo B fuori dall'aula.
Indicazioni per il gruppo A: *Ognuno di voi è un barbone. Avete scelto questa vita per essere liberi di fare quello che volete. Non avere niente è come avere tutto. Avete il cielo, le stelle, tutte le strade e i ponti a disposizione. Non avete un lavoro, e questa è la vostra più grande felicità. Avete saputo che c'è una festa di beneficenza. Le persone ricche non vi sono simpatiche, ma decidete di andare e di cercare di convincere qualcuno a cambiare vita e fare l'esperienza del barbone, almeno per un giorno.*
Indicazioni per il gruppo B: *Fate parte di un club di ricchi e organizzate una festa di beneficenza. Volete offrire a queste povere persone un lavoro per una vita più serena e più normale. Durante la festa, quando parlate con uno di loro, dovete convincerlo a lavorare per la vostra azienda.*

Attività 9. Drammatizzazione

Formare casualmente gruppi di tre studenti. Dividere i ruoli (casualmente o a scelta). C'è bisogno di due attori, Giorgio e il barbone, ed un regista. Gli attori prendono la trascrizione dei dialoghi e fanno le prove da soli, possibilmente in un'altra stanza, mentre il regista, da un'altra parte, studia il testo e appunta i movimenti, le sensazioni, i sentimenti dei personaggi. L'insegnante dovrebbe stimolare ed incoraggiare un lavoro approfondito da parte dei "registi" in questa fase. Dopo circa 5 minuti si ritrovano tutti e si concedono altri 15 minuti per le prove vere e proprie. Alla fine ogni gruppo farà la sua recita davanti alla classe. La condizione migliore sarebbe che ogni gruppo avesse a disposizione uno spazio proprio per portare avanti il lavoro (un'aula, ecc.). Inoltre sarebbe bene invitare gli studenti a trovate o creare gli oggetti per la messa in scena, organizzare lo spazio e decidere come muovercisi, e non limitarsi ai movimenti degli attori. Per le rappresentazioni si consiglia di disporre tutte le sedie della classe da una parte e lasciare metà aula libera a mo' di palcoscenico.

Alessandro Baricco - Oceano mare

Attività 1. Attività introduttiva

Far svolgere il punto 1.1 in maniera dinamica, con l'insegnante a disposizione per risolvere ogni piccolo problema. Quando tutti hanno chiaro il significato della frase passare al punto 1.2. Far capire agli studenti che non possono cambiare le frasi e che devono fare molta attenzione alle virgole, che ora sono state inserite.

Attività 3. Produzione libera orale "sulla lancia di salvataggio"

Per la prima fase si consiglia di fare una introduzione drammatica, far vedere cinque minuti del video del naufragio del Titanic o comunque introdurre gli studenti nella giusta atmosfera. Quindi dare dieci minuti di tempo per decidere quali oggetti portare con sé in un viaggio pieno di incognite. Gli studenti scrivono gli oggetti su un foglio. È meglio che ogni studente abbia a disposizione un dizionario, in alternativa l'insegnante deve rimanere a disposizione per domande sul significato. L'insegnante deve indicare agli studenti il trascorrere del tempo perché allo scadere dei dieci minuti tutti dovranno trovarsi sulla scialuppa e non potranno più prendere nulla.

Una volta sulla scialuppa l'insegnante esprime la nuova situazione e crea delle coppie di studenti che dovranno negoziare sugli oggetti da portare. Dare altri dieci minuti prima che la scialuppa sia pronta a partire. Se non si è raggiunto un accordo l'insegnante, come ufficiale di bordo, deciderà cosa gettare nel mare. Concludere qui oppure proporre una terza fase allargando la discussione in plenum: tutti gli studenti sono sulla stessa scialuppa, ma non si può partire perché c'è ancora troppo peso. L'insegnante decide un numero di oggetti (circa 1,5 per studente) e dà altri dieci minuti prima della partenza.

Luigi Malerba – Le lumache

Attività 6. Produzione libera orale "gli animali"

Fotocopiare la pagina 85 (una copia per ogni studente) e piegarla in prossimità della linea tratteggiata. Introdurre il tema adottando la tecnica dello "strizzacervello". Chiedere all'intera classe nomi di animali che conoscono in italiano. Tutto quello che arriva viene scritto alla lavagna dall'insegnante, che può integrare. Si consiglia di condurre velocemente questa fase; non c'è bisogno di completezza ma solo di introdurre quello che sarà il tema della conversazione: "il vostro animale preferito". Quindi creare delle coppie di studenti e metterle faccia a faccia togliendo dai banchi qualsiasi sussidio e invitandoli a parlare in italiano. Informare che l'insegnante è a disposizione per domande e per chiedere i nomi italiani di altri animali di cui vogliono parlare. Dopo qualche minuto distribuire il foglio piegato (due per coppia). Dire che le liste devono essere uguali. Al termine cambiare coppie e dire di aprire il foglio per compilare una nuova lista comune. Concludere qui oppure proporre una terza fase allargando la discussione in plenum con l'obbiettivo di formare una unica lista di animali amati e poco amati da tutta la classe.

Alberto Moravia – La parola mamma

Attività 1. Attività introduttiva
1.1.Dividere la classe in due gruppi (A e B), dare agli studenti del gruppo A il compito dello *Studente A* e agli studenti del gruppo B il compito dello *Studente B*.
1.2. Dopo 3 o 4 minuti formare coppie tra studenti dello stesso gruppo, in modo che possano aiutarsi a completare il lavoro o confrontare i risultati raggiunti. Fare un cambio coppie per un ulteriore confronto e chiedere ad ogni coppia di discutere sul senso che danno al brano letto.
1.3. Formare nuove coppie avendo cura di mettere studenti del gruppo A insieme a studenti del gruppo B. Possono guardare il testo. Dire che i due brani sono contigui e che insieme formano l'inizio di un racconto. Il compito ora per gli studenti è decidere quale dei due brani viene prima e perché. Tener presente che i due gruppi hanno davvero pochissimi elementi per arrivare ad una giusta ed inequivocabile risposta, e l'obbiettivo della discussione non è la soluzione del quesito quanto il far entrare gli studenti nel testo, scandagliarne i significati. Quindi non dovrebbero esserci "premi" o gratificazioni per chi raggiunge la soluzione, per intuito o fortuna. Senza che l'insegnante dica niente, sarebbe meglio passare direttamente alla lettura del testo, nel quale gli studenti possono immediatamente verificare la validità della loro intuizione.

Attività 5. Riscrittura "dalla letteratura al teatro"
Invitare gli studenti ad essere il più fedeli possibile al testo originale, come nell'esempio.

Attività 6. Drammatizzazione
La drammatizzazione dovrebbe essere svolta dalle stesse coppie dell'attività 5. Per questa attività starà all'insegnante "dirigere" il lavoro dei gruppi, motivarli e invogliarli ad essere accurati. Sarebbe meglio se ogni gruppo avesse un luogo diverso in cui fare la prove. Per le rappresentazioni si consiglia di disporre tutte le sedie della classe da una parte e lasciare metà aula libera a mo' di palcoscenico.

Italo Calvino - Se una notte d'inverno un viaggiatore

Attività 5. Lettura e confronto
Fotocopiare pag 164 (il numero degli studenti diviso 3) e ritagliare i tre finali possibili scritti dall'autore. Consegnare ad un terzo della classe il finale 1, ad un terzo il finale 2 e ad un terzo il finale 3. Gli studenti leggono individualmente, se vogliono possono usare il dizionario. Invitare gli studenti con lo stesso finale ad un confronto. Infine creare gruppi di tre persone con finali diversi per raccontarsi in maniera incrociata come si conclude la loro storia (annunciare precedentemente che in questa fase non potranno più guardare il testo. Questo fa sì che la fase precedente, quella del confronto in gruppi omogenei, sia più approfondita). Eventualmente alla fine far leggere a tutti il testo dei possibili finali di Calvino che chiudono questo brano (attività 11).

Leonardo Sciascia – A ciascuno il suo

Attività 5. Produzione libera orale "dal testo al teatro"
Mandare gli attori a provare la parte possibilmente in un'altra aula o in un altro luogo. Lasciare i registi in un luogo tranquillo dove possano fare il loro lavoro sul testo. Dare per questa fase non più di 15 minuti. Lasciare altri 15 minuti per le prove congiunte (attori e regista).

Antonio Tabucchi – Voci

Attività 1. Attività introduttiva
Far svolgere il punto 1.1 in maniera dinamica, con l'insegnante a disposizione per risolvere ogni piccolo problema. Quando tutti hanno chiaro il significato della frase passare al punto 1.2. Far capire agli studenti che non possono cambiare le frasi e che devono fare molta attenzione alla punteggiatura.

Umberto Eco – Come reagire ai volti noti

Attività 2. Produzione libera orale

È una gara a squadre. L'insegnante divide la classe in modo da formare due gruppi (A e B) di pari numero di studenti. Ogni gruppo si dispone a formare un circolo. Devono rileggere insieme il primo paragrafo del racconto e cercare di risolvere i rimanenti problemi di comprensione, eventualmente con l'aiuto del dizionario e/o della grammatica. L'insegnante rimane a disposizione per domande. Quindi devono leggere le cinque parole scritte sul foglio, e che sono diverse per i due gruppi. Queste parole sono tutte estratte dal racconto. A questo punto ogni gruppo dovrà creare una storia che sia la continuazione del paragrafo che hanno letto. Condizione necessaria è che la storia inventata contenga le cinque parole. È importante che l'insegnante dica che ognuno di loro dovrà raccontare in dieci minuti la storia creata in gruppo (anche cambiandola improvvisando a proprio piacimento) ad uno studente dell'altro gruppo, cercando di non fargli capire quali sono le parole "obbligate".

Quindi si formano coppie miste (studente A con studente B). Lo studente A ha dieci minuti per raccontare mentre lo studente B segna sul suo foglio tutte le parole che sono sospettate di essere quelle "obbligate". L'insegnante non può intervenire ma scandisce il passare del tempo con una sorta di conto alla rovescia. Al termine dei dieci minuti tutti gli studenti B (individualmente) scrivono definitivamente le cinque parole secondo loro più probabili. Se qualche studente A non ha detto una o più parole deve comunicarlo e la sua squadra perde due punti.

Lo stesso si ripete per altri dieci minuti con studenti B che raccontano la propria storia a studenti A. Alla fine si controlla. Ogni parola indovinata vale un punto. Tutti gli studenti A sommano i propri punti e lo stesso fanno gli studenti B. La squadra che ottiene più punti vince il gioco.

N.B. Per rendere il gioco più competitivo si può mettere qualcosa in palio. Ad esempio si può fare il gioco prima della pausa e scommettere un caffè o un cappuccino. Questo responsabilizzerà gli studenti e basterà a far prendere loro più seriamente il lavoro.

Italo Svevo – La coscienza di Zeno

Attività 10. Cloze "passato remoto o imperfetto"

Questa attività, che potrebbe sembrare semlice per studenti di livello avanzato, riserva delle insidie notevoli. Spesso infati le ragioni d'uso tra un tempo perfetto (passato prossimo o passato remoto) e un imperfetto sono soggettive, non rispondono all'applicazione di una regola ma esprimono in modo profondo una precisa volontà comunicativa.

Attività 11. Analisi testuale

Questa attività dà la possibilità di riflettere sul fatto che la distinzione perfetto/imperfetto non è una stranezza della lingua italiana quanto piuttosto una sua ricchezza, permette di far riflettere gli studenti sugli aspetti pragmatici della lingua senza che ci possano essere a volte risposte certe e inequivocabili.

Finali di Italo Calvino (Se una notte d'inverno un viaggiatore)

1

La giovane donna confonde i due manoscritti. Rende al produttivo il romanzo del tormentato scritto alla maniera del produttivo, e al tormentato il romanzo del produttivo scritto alla maniera del tormentato. Entrambi al vedersi contraffatti hanno una violenta reazione e ritrovano la propria vena.

2

Un colpo di vento scompagina i due manoscritti. La lettrice cerca di rimetterli assieme. Ne viene un unico romanzo, bellissimo, che i critici non sanno a chi attribuire. È il romanzo che tanto lo scrittore produttivo quanto il tormentato avevano sempre sognato di scrivere.

3

La giovane donna era sempre stata una lettrice appassionata dello scrittore produttivo e detestava lo scrittore tormentato. Leggendo il nuovo romanzo dello scrittore produttivo, lo trova fasullo e capisce che tutto quel che lui aveva scritto era fasullo; invece ricordando le opere dello scrittore tormentato ora le trova bellissime e non vede l'ora di leggere il suo nuovo romanzo. Ma trova qualcosa di completamente diverso da quello che si aspettava e manda al diavolo anche lui.

Soluzioni

1 ▌ Gianni Rodari - *La riforma della grammatica*

Attività 1: la soluzione è il testo originale (attività 2.1).

Attività 2.2: a) 2; b) a casa; c) la risposta è soggettiva

Attività 3:

n° 1, 3, 4, 5, 7, 9, 10			
singolare		plurale	
maschile	femminile	maschile	femminile
giorno	domestica	verbi	categorie
oro	donna	minuti	
-o	-a	-i	-e

n° 2, 6, 8	
singolare	plurale
maschile e femminile	maschile e femminile
parere	complicazioni
	coniugazioni
-e	-e

Attività 4: 1° tipo maschile: giorni, ori, verbo, minuto; 1° tipo femminile: domestiche, donne, categoria. 2° tipo maschile e femminile: pareri, complicazione, coniugazione.

Attività 7: la soluzione è il testo originale.

Attività 9: l'errore è alla riga 17. Il sostantivo "coniugazione" deve essere al plurale: "coniugazioni".

2 ▌ Achille Campanile - *In campagna è un'altra cosa*

Attività 1.2: Zio Alessandro - Dovresti dimagrire.
Zia - Non dar retta: cerca d'ingrassare.
Amico gentile - Sei un po' dimagrito.
Io - Oh, grazie, anche tu.
Un altro amico - Ohé, tu ingrassi. Quasi non ti riconoscevo.
Io - Sono ingrassato o dimagrito? Indovina.
Un terzo amico - Sempre lo stesso.

Attività 2.2: 12

Attività 2.3: zio Alessandro, la zia, un amico gentile, un altro (amico), un terzo (amico), un medico, il dottor Pagliuca, Amleto, Norberto Polignac, Orazio, Ambrogio, la signora Evelina

Attività 3:

io	tu	lui/lei	noi	voi	loro
mi sforzo (sforzarsi) incontro (incontrare) rubo (rubare) dormo (dormire)	ingrassi (ingrassare)	pensa (pensare) passa (passare) osserva (osservare) continua (continuare) mette (mettere) sconsiglia (sconsigliare) sta (stare)			si rilassano (rilassarsi) ordinano (ordinare)

Attività 4:

	pensare	mettere	dormire
io	penso	metto	dormo
tu	pensi	metti	dormi
lui/lei	pensa	mette	dorme
noi	pensiamo	mettiamo	dormiamo
voi	pensate	mettete	dormite
loro	pensano	mettono	dormono

Attività 6:

singolare	plurale
amico gentile	amici gentili
occhio clinico	occhi clinici
stanchezza fisiologica	stanchezze fisiologiche
vita attiva	vite attive
acqua minerale	acque minerali

Attività 8:
informale: 2 - Dovresti; 2 - Non dar retta; 2 - cerca; 4 - Sei ; 7 - ingrassi; 12 - fai; 23 - riesci; 23 - fai; 29 - Bevi.
formale: 17 - Dovrebbe; 27 - Non beva; 31 - Non dia retta; 31 - sta.

Attività 9:

	indicativo presente	imperativo	condizionale presente
informale →	Sei ingrassi fai riesci fai	Non dar retta cerca Bevi	Dovresti
formale →	sta	Non beva Non dia retta	Dovrebbe

Attività 10: **informale**: non + infinito
  formale: non + imperativo formale

Attività 12: la soluzione è il testo originale.

3 ■ Natalia Ginzburg - *Caro Michele*

Attività 1.1:

Attività 1.2: la soluzione è il testo originale (attività 2.1).

Attività 1.3: a) il figlio di chi scrive; b) Osvaldo; c) è una donna, anche se la risposta può essere soggettiva.

Attività 2.2: Il bambino è il figlio di Mara - La signora è una baby sitter - Osvaldo è un amico di Mara - Ada è la moglie di Osvaldo - Fabio Colerosa è la persona che dà il lavoro a Mara.

Attività 2.3: due ragazzi che impaccano i libri e disegnano le copertine.

Attività 4: lo = il bambino; lo = il bambino; lei = Ada; la = Ada; Lui = Fabio Colerosa; lui = Fabio Colerosa; lo = il senso; gli = Fabio Colerosa; ti = Michele.

Attività 6: do = dare; tiene = tenere; moglie = moglie; anche = anche; vanno = andare; sa = sapere; grande = grande; seduto = seduto; arriccia = arricciare; devo = dovere; salvo = salvo; disegnano = disegnare.

Attività 8: la soluzione è il testo originale.

■ Gianni Rodari - *Il museo degli errori* (intermezzo)

Attività 1:

Attività 2: la soluzione il testo originale (attività 4).

Attività 3: la soluzione il testo originale (attività 4).

Attività 5: 1: "*gato*" in italiano si scrive con due "t": "gatto"; 2. non è "*l'ago*" ma "il lago"; 3. il nome della città, "*roma*", deve essere scritto con la lettera maiuscola: "Roma".

4 ▨ Stefano Benni - *Fratello Bancomat*

Attività 1.2: il titolo è "Fratello bancomat".

Attività 2.3: i personaggi nominati nel testo sono: il bancomat (Banco di S. Francesco); il signor Piero; il computer centrale; la moglie del signor Piero (Laura); il dottor Vanini; certi computer svizzeri; il computer di controllo; la signora Masini; la figlia della signora Masini.

Attività 4: la soluzione è il testo originale (attività 4).

Attività 6: la soluzione è il testo originale (attività 4).

5 ▨ Dino Buzzati - *Incontro notturno*

Attività 1.1 - 1.2 - 1.3 - 1.4: la soluzione è il testo originale (attività 2).

Attività 3: 2; 1; 1; 2; 1; 2; 2; 1; 2; 2; 1; 2; 2.

Attività 5:

maschile singolare	il	davanti ad una parola maschile singolare che comincia con una consonante.
maschile singolare	**l'**	davanti ad una parola maschile singolare che comincia con una vocale.
maschile singolare	lo	davanti ad una parola maschile singolare che comincia con: **s+consonante**, **p+s**; **z**.
femminile singolare	**la**	davanti ad una parola femminile singolare che comincia con una consonante.
femminile singolare	**l'**	davanti ad una parola femminile plurale che comincia con una vocale.
maschile plurale	i	davanti ad una parola maschile plurale che comincia con una consonante.
maschile plurale	gli	davanti ad una parola maschile plurale che comincia con: **s+consonante**, **p+s** o con una **vocale**.
femminile plurale	le	davanti ad una parola femminile plurale.

Attività 7: la soluzione è il testo originale.

Attività 10: la soluzione è il testo originale.

6 ▨ Dacia Maraini - *Bagheria*

Attività 1.1: la soluzione è il testo originale (attività 2.1).

Attività 1.3: Sonia viene dal Cile ("La bella cilena").

Attività 2.2: a) 30 anni; b) ambasciatore; c) cantante lirica; d) voleva che si sposasse con un proprietario di terre argentino.

Attività 2.3: dal Cile a Parigi, da Parigi a Milano, da Milano a Parigi, da Parigi a casa di amici, da casa di amici alla Francia, dalla Francia a Milano.

Attività 2.4:

Il padre di Sonia	È un ambasciatore.
I maestri	Hanno incoraggiato Sonia a cantare da professionista.
Il proprietario di terre argentino	Doveva essere il marito di Sonia per volontà del padre.
Caruso	È un famoso tenore che ha avviato Sonia alla scuola della Scala.
Ricordi	Ha giudicato "straordinario" il talento lirico di Sonia.
Gli amici	anno nascosto Sonia per non farla trovare al padre.
Enrico	È l'uomo siciliano di cui Sonia si è innamorata.

Attività 4: bene, passato, carattere, era arrivata, arrendersi, forza, azioni insistite, a causa delle, esagerate, con una crisi di, alla fine.

Attività 5.1: aveva studiato, avevano incoraggiata, aveva proibito, aveva resistito, era scappata, Era approdata, aveva conosciuto, aveva avviata, aveva giudicato, era tornato.

Attività 5.2: Per la forma del trapassato prossimo valgono tutte le regole del passato prossimo, solo che l'ausiliare (essere o avere) è all'imperfetto indicativo e non al presente.

Attività 7:

Attività 8: la soluzione è il testo originale.

Attività 9: la soluzione è il testo originale.

7 ■ Alessandro Baricco - da *Oceano mare*

Attività 1.2: la soluzione è il testo originale (attività 2.1).

Attività 2.2: a) Per imperizia del comandante e imprecisione delle carte. b) Perché le lance a disposizione non erano sufficienti per ospitare l'intero equipaggio. c) Per viltà o inettitudine. d) Perché la fune di traino si spezzò. O qualcuno la tagliò.

Attività 4:

passato remoto: si arenò - risultarono - rimase - fu costruita - furono fatti - si impossessarono - riuscì - persero - si spezzò - tagliò - continuarono - fu abbandonata.

imperfetto: erano - prevedeva - cercava.

trapassato prossimo: era scomparsa.

Attività 5:

passato remoto	attivo/passivo	soggetto	persona	infinito del verbo
si arenò	a	la fregata	3° persona singolare	arenarsi
risultarono	a	i tentativi	3° persona plurale	risultare
rimase	a	altro	3° persona singolare	rimanere
fu costruita	p	una zattera	3° persona singolare	costruire
furono fatti	p	147 uomini	3° persona plurale	fare
si impossessarono	a	il panico e la confusione	3° persona plurale	impossessarsi
riuscì	a	nessuno	3° persona singolare	riuscire
persero	a	le lance	3° persona plurale	perdere
si spezzò	a	la fune	3° persona singolare	spezzarsi
tagliò	a	qualcuno	3° persona singolare	tagliare
continuarono	a	le lance	3° persona plurale	continuare
fu abbandonata	p	la zattera	3° persona singolare	abbandonare

Attività 7:

continuare	perdere	riuscire
continuai	persi	riuscii
continuasti	perdesti	riuscisti
continuò	**perse**	**riuscì**
continuammo	perdemmo	riuscimmo
continuaste	perdeste	riusciste
continuarono	**persero**	**riuscirono**

Attività 8: la soluzione è il testo originale.

Attività 9.1: della; del; delle; al; della; del; della; dell'; del; dalle; all'.

Attività 9.2: preposizione semplice "DI": della - f/s; del - m/s; delle - f/p; della - f/s; del - m/s; della - f/s; dell' - f/s; del - m/s. **preposizione semplice "A":** al - m/s; all' - m/s. **preposizione semplice "DA":** dalle - f/p.

Attività 9.3: a) riga 11: "**con** la"; b) "**per**", "**tra**", "**fra**".

Attività 10: a) Il **passato remoto** si usa per indicare un avvenimento, un fatto avvenuto nel passato.
L'**imperfetto** si usa per indicare uno stato, una condizione nel passato.
N.B. Il **passato remoto** ha le stesse caratteristiche del passato prossimo, ed è molto utilizzato in testi letterari perché, a differenza del passato prossimo, esprime una mancanza di relazione con il presente o, meglio ancora, con l'attualità del narratore.
b) Il trapassato prossimo esprime una anteriorità rispetto ad un altro evento o ad una situazione sempre passata. In questo caso indica che la scomparsa della zattera avviene prima del trascorrere di mezz'ora.

8 ▨ Luigi Malerba - *Le lumache*

Attività 1.1: la soluzione è il testo originale (attività 2.1).

Attività 2.2: a) Un libro scientifico sulle abitudini delle lumache; b) Frasche, cartapesta, gomma, vernice lucida e argentata; c) Perché Aristodemone vuole farle assaggiare i vermetti fritti.

Attività 3: la soluzione è il testo originale.

Attività 5.1:

verbo+preposizione+infinito		verbo+infinito	
non sopportano di essere spiate	non sopportare di + infinito	voleva scrivere	volere + infinito
aveva provato a nascondersi	provare a + infinito	doveva studiare	dovere + infinito
aveva tentato di travestirsi	tentare di + infinito	doveva travestirsi	dovere + infinito
riuscì... a trovare	riuscire a + infinito	si fece fare	fare + infinito
andare a studiare	andare a + infinito	doveva lavorare	dovere + infinito
si divertiva a sedersi	divertirsi a + infinito	volle... fargliela	volere + infinito
decise di non levarsi	decidere di + infinito	fargliela assaggiare	fare + infinito
cominciò a brontolare	cominciare a + infinito		
si metteva a russare	mettersi a + infinito		
continuò a studiare	continuare a + infinito		

N.B. Nel testo sono presenti anche due verbi all'infinito retti da un verbo e dalla preposizione "per" (riga 15: uscire per andare; riga 16: ritornava a casa per mangiare). Starà all'insegnante decidere se inserire anche queste forme nell'analisi.

Attività 5.2: esistono molti verbi che reggono l'infinito senza preposizione, come "**sentire**", "**vedere**", "**guardare**", "**sembrare**", "**parere**", espressioni quali "**è giusto**", "**è difficile**", "**è meglio**", e altri ancora, tuttavia sarebbe sufficiente che gli studenti arrivassero a nominare il verbo modale "**potere**".

Attività 7: la soluzione è il testo originale.

▨ Dino Buzzati - *Un caso interessante* (intermezzo)

Attività 1:

Attività 2: la soluzione è il testo originale (attività 3).

9 ■ Alberto Moravia - *La parola mamma*

Attività 1.1: la soluzione è il testo originale (attività 2).

Attività 4.1: condizionale composto: avrebbe potuto - mi sarei regolato - sarei andato - avrei lasciata - sarei ripassato.

Attività 4.2: i condizionali composti che indicano un evento successivo ad un altro avvenuto nel passato (futuro nel passato) sono **tutti tranne "avrebbe potuto"**, che esprime l'auspicio della realizzazione dell'evento. L'uomo con questa forma esprime che il concretizzarsi della sua speranza dipende dalla volontà di Stefanini, come se la frase fosse l'apodosi di un periodo ipotetico la cui protasi potrebbe essere "se Stefanini avesse deciso di scrivere la lettera".

Attività 7.1 - 7.2: riga 1 - trovandomi (causa); riga 4 - chiedendogli (modo); riga 6 - mandando (modo); riga 18 - sentendolo (causa); riga 20 - avvertendo (modo); riga 22 - affermando (modo)

Attività 8: poiché mi trovavo; e gli chieda; mandava; poiché lo sentivo; con l'avvertimento; con l'affermare.

Attività 9: a) e b) le risposte sono soggettive; c) "La sua richiesta mi interessò; e gli domandai subito perché voleva quella lettera. Mi spiegò che, appunto, i casi della vita erano tanti; lui non era un letterato e poteva venire il momento che una simile lettera gli servisse e allora non capitava tutti i giorni di avere sotto mano uno Stefanini capace di scriverla secondo tutte le regole. Sempre più incuriosito, io mi informai se sua madre fosse malata davvero. Mi rispose che, per quanto gli risultava, sua madre, che faceva la levatrice al paese, stava in buona salute; ma insomma, tutto poteva succedere. Per farla breve, tanto insistetti e lo interrogai che finì per dirmi la verità."

10 ■ Italo Calvino - *Se una notte d'inverno un viaggiatore*

Attività 1.1: la soluzione è il testo originale (attività 2.1).

Attività 1.3: la risposta è soggettiva.

Attività 2.2: guarda lo scrittore produttivo (riga 5), si siede alla scrivania, si mangia le unghie, si gratta, strappa un foglio, s'alza per andare in cucina a farsi un caffè, poi un tè, poi una camomilla, poi legge una poesia di Hölderlin (…), ricopia una pagina già scritta e poi la cancella tutta riga per riga, telefona alla tintoria (…), poi scrive alcuni appunti che verranno buoni non ora ma forse in seguito, poi va a consultare l'enciclopedia alla voce Tasmania (…), strappa due fogli, mette un disco di Ravel (righe 15 - 22).

Attività 6:

riga	"che" pronome relativo	si riferisce a:	riga	"che" congiunzione
2	lo scrittore <u>che</u> non scrive	lo scrittore	7	nient'altro <u>che</u> un abile artigiano
3	su quello <u>che</u> scrive	quello	17	è chiaro <u>che</u> Hölderlin
9	quell'uomo <u>che</u> esprime	uomo	19	è chiaro <u>che</u> i pantaloni
12	quel <u>che</u> gli altri s'aspettano da lui	quel	21	è chiaro <u>che</u> in quello
18	non c'entra per niente con ciò <u>che</u> sta scrivendo	ciò	24	ora <u>che</u> lo guarda scrivere
20	scrive alcuni appunti <u>che</u> verranno buoni	appunti	25	sente <u>che</u> quest'uomo sta lottando
21	in quello <u>che</u> scrive non c'è nessuna allusione	quello	41	entrambi le dicono <u>che</u> vogliono
26	una strada da scavare <u>che</u> non si sa dove porta	strada da scavare		
28	ciò <u>che</u> lo scrittore tormentato va cercando	ciò		
42	i romanzi <u>che</u> hanno appena finito di scrivere	romanzi		

- **Aggettivo esclamativo**: riga 31: "Con che gesto febbrile gira le pagine!"
- **N.B.** L'aggettivo esclamativo è tale quando accompagna, in frasi esclamative, un sostantivo. Quando precede un verbo diviene "pronome esclamativo" ("che vedo", "che sento"). È molto frequente, soprattutto nella lingua scritta, che l'aggettivo esclamativo "che" preceda anche un aggettivo ("che bello", "che simpatico", "che strano"). Sebbene alcuni grammatici affermino che queste forme non siano corrette, sono da accettarsi in quanto entrate ormai nell'uso corrente della lingua.

Attività 7.1:

riga	frasi con il "che" soggetto	riga	frasi con il "che" oggetto diretto
2	lo scrittore <u>che</u> non scrive	13	quel <u>che</u> gli altri s'aspettano da lui
3	su quello <u>che</u> scrive	19	non c'entra per niente con ciò <u>che</u> sta scrivendo
10	quell'uomo <u>che</u> esprime	23	in quello <u>che</u> scrive non c'è nessuna allusione
21	scrive alcuni appunti <u>che</u> verranno buoni	30	ciò <u>che</u> lo scrittore tormentato va cercando
27	una strada da scavare <u>che</u> non si sa dove porta	44	i romanzi <u>che</u> hanno appena finito di scrivere

N.B. Nella frase alla riga 26 il verbo di cui il pronome relativo è soggetto è "porta" e non "non si sa".

Attività 7.2: l'altro pronome relativo in una forma differente da "che" è alla riga 10: "nel modo **in cui** quell'uomo mette tutte le sue energie nello scrivere c'è certo una generosità".

N.B. Quando il pronome relativo ha la funzione di soggetto o oggetto diretto infatti si deve usare "che", ma per tutti gli altri complementi indiretti si usa "cui" (forma invariabile) preceduto dalla preposizione semplice appropriata. Al posto di "cui" è anche possibile usare la forma variabile (il quale, la quale; i quali, le quali).

Attività 9: la soluzione è il testo originale.

Attività 10.1: a) Il presente; b) La risposta è soggettiva, comunque il presente rende la narrazione più viva, più attuale, toglie drammaticità e retoricità cosicché il lettore può riconoscersi completamente con i personaggi.

Attività 10.2: la soluzione è il testo originale.

11 ■ Leonardo Sciascia - *A ciascuno il suo*

Attività 1.1: a) 2; b) il postino, il farmacista; c) in farmacia; d) perché teme che sia una lettera esplosiva; e) perché è una situazione strana.

Attività 2.2: "un brav'uomo, di cuore, alla mano: uno che in farmacia apriva il credito a tutti in campagna, nelle terre che aveva per dote della moglie, lasciava che i contadini facessero il comodo loro. Né aveva mai sentito, il postino, qualche maldicenza che sfiorasse la signora."

Attività 6: la soluzione è il testo originale.

Attività 7: arrivò, posò, disse, levò, si tolse, domandò, spinse, si chinò, si sollevò, si rimise, tornò, constatò, fissò, disse, fece, disse, disse, condivise, si decise, prese, aprì., spiegò, vide, bevve, disse, pensò, domandò, assentì, porse, prese, lesse, richiuse, posò.

Attività 8:

INFINITO	io	tu	lui/lei	noi	voi	loro
posare	posai	posasti	posò	posammo	posaste	posarono
dire	dissi	dicesti	disse	dicemmo	diceste	dissero
levare	levai	levasti	levò	levammo	levaste	levarono
togliersi	mi tolsi	ti togliesti	si tolse	ci togliemmo	vi toglieste	si tolsero
spingere	spinsi	spingesti	spinse	spingemmo	spingeste	spinsero
sollevarsi	mi sollevai	ti sollevasti	si sollevò	ci sollevammo	vi sollevaste	si sollevarono
fare	feci	facesti	fece	facemmo	faceste	fecero
condividere	condivisi	condividesti	condivise	condividemmo	condivideste	condivisero
decidersi	mi decisi	ti decidesti	si decise	ci decidemmo	vi decideste	si decisero
aprire	aprii	apristi	aprì	aprimmo	apriste	aprirono
vedere	vidi	vedesti	vide	vedemmo	vedeste	videro
bere	bevvi	bevesti	bevve	bevemmo	beveste	bevvero
assentire	assentii	assentisti	assentì	assentimmo	assentiste	assentirono
porgere	porsi	porgesti	porse	porgemmo	porgeste	porsero
richiudere	richiusi	richiudesti	richiuse	richiudemmo	richiudeste	richiusero

Attività 9.1: la soluzione è il testo originale ma senza i due avverbi "ancora" e "mai" che devono essere inseriti nella attività 9.2.

Attività 9.2: "ancora" deve essere inserito nel verbo "aveva toccata"; "mai" deve essere inserito nel verbo "aveva sentito".

Attività 10: non deve essere "aveva mai sentite" ma "aveva mai sentito".

Attività 11: la soluzione è soggettiva.

12 ■ Primo Levi - *Se questo è un uomo*

Attività 1.1: la soluzione è il testo originale (attività 2.1).

Attività 1.2: c) autobiografico.

Attività 1.3: b.

Attività 2.2: a) No, perché è inquinata. b) Debolmente riscaldata, quindi abbastanza fredda. c) No, bisogna spogliarsi. d) Calmo (Ci guarda senza fretta… fa un lungo discorso pacato…).

Attività 3: vivamente (intensamente, in modo vivo); percuote (colpisce); fruscio (rumore leggero); pare (sembra); beffa (scherzo); tiepida (non molto calda); a goccia (lentamente); pacato (calmo); abiti (vestiti); indumenti (vestiti); trasparente (invisibile).

Attività 5.1 - 5.2:

"si" riflessivo	"si" indefinito	Chi fa l'azione espressa dal verbo?
si è fermato	si è vista	le persone nell'autocarro
si siede	si può	noi
si è aperta	si può	noi
Si fa		
si chiama		

N.B. La costruzione con il "si" indefinito si usa per lasciare indeterminato chi fa l'azione espressa dal verbo. Questa è la sua funzione comunicativa. Molti libri di grammatica individuano due tipi di "si" tra quelli che qui sono chiamati "indefiniti": il "si impersonale" (quando **non** è presente un soggetto espresso, come, nel brano di Levi, "non si può pensare") e il "si passivante (quando è presente un soggetto espresso, come, nel brano di Levi, "si è vista una grande porta" e "l'acqua non si può bere"). Questa distinzione tuttavia focalizza l'attenzione sulla costruzione grammaticale e può essere fuorviante per studenti che vogliono cercare di capire la ragione di una tale costruzione.

Attività 6.1: durò; si è fermato; si è vista; siamo scesi; hanno fatti; si è aperta; è entrata; ho… visto; interrogò; fumava; guardò.

Attività 6.2:

verbo	soggetto	Il participio passato concorda con…
si è fermato	l'autocarro	il soggetto (autocarro)
si è vista	una grande porta	il soggetto (porta)
siamo scesi	"noi"	il soggetto (noi)
hanno fatti	"loro"	il pronome diretto (ci)
si è aperta	la porta	il soggetto (porta)
è entrata	una SS	il soggetto (una SS)
ho visto	"io"	/

Attività 6.3: la risposta è soggettiva. Si può dire che Levi utilizzi i tempi verbali come uno zoom. Il passato remoto infatti crea una lontananza tra il narratore e ciò che viene raccontato. Ma si tratta di una lontananza emotiva e non temporale. Questa distanza si assottiglia con l'uso del passato prossimo, che risulta già più caldo e "vicino". Quando poi Levi arriva ad usare il presente, gli eventi assumono una straordinaria forza: sono vivi e, appunto, presenti.

Attività 8: la soluzione è il testo originale (attività 2.1).

Attività 9: la soluzione è il testo originale (attività 2.1).

Attività 10.1 - 10.2: le risposte sono soggettive.

▧ Luigi Malerba - *Una gallina timida* (intermezzo)

Attività 1:

Attività 2: La soluzione è soggettiva.

Attività 3: La soluzione è il testo originale (attività 4).

13 ▪ Antonio Tabucchi - *Voci*

Attività 1.2: la soluzione è il testo originale (attività 2.1).

Attività 1.4: 2. la psicologa.

Attività 2.2: la parola "Fernando" ha la terminazione uguale a quella di un verbo della prima coniugazione nel modo gerundio (- ando).

Attività 2.3: "Andrej" alla riga 5, ha la stessa terminazione (nel suono) di un verbo al condizionale presente. Alla riga 7 Fernando dice di essere "intransitivo" come un verbo. Poi si autodefinisce "deponente", caratteristica questa di alcuni verbi latini che hanno forma passiva ma significato attivo. I verbi deponenti non esistono in italiano. Tutta questa conversazione utilizza la grammatica, e soprattutto i verbi, per creare semplici giochi di parole (Fernando/gerundio e Andrei/condizionale) e delle similitudini con la condizione esistenziale di Fernando (intransitivo e deponente).

Attività 3.2: mobili stile impero; tappeti; quadri; biancheria; una catena d'oro; un fermacapelli; la lettera; il cassettone; la campana di vetro.

Attività 3.4: a) la sveglia di Basilea; b) perché lui l'ha smontata quando era bambino; c) perché, come dice alla riga 25: "custodisce un odio massiccio e compresso".

Attività 4: stabilire (2); allusivo (1); assecondare (3); depongo (1); pareva (2); belligeranti (2); divora (3); nesso (1); stridula (2); consunti (3); mastodontica (1); sottrassi (2); arguire (3); avevo intuito (2); come si conveniva (2).

Attività 6.1: consentisse; dovessero; usassero; seguissi; fosse; sapessi.

Attività 6.2:

	usare	sapere	seguire
io	usassi	sapessi	seguissi
tu	usassi	sapessi	seguissi
lui/lei	usasse	sapesse	seguisse
noi	usassimo	sapessimo	seguissimo
voi	usaste	sapeste	seguiste
loro	usassero	sapessero	seguissero

Attività 6.3:

consentisse	mi sembrava che
dovessero	l'errore stava nel pensare che
usassero	era meglio lasciare che
seguissi	affinché
fosse	come se
sapessi	se

N.B. Il congiuntivo è generalmente usato in frasi dipendenti. Nel primo caso (consentisse) e nel terzo caso (usassero) il congiuntivo è usato in dipendenza da una frase con costrutto impersonale. Nel secondo caso (dovessero) la frase principale richiede l'uso del congiuntivo. Nel quarto caso (seguissi) la congiunzione finale "affinché" richiede sempre il congiuntivo. Nel quinto caso (fosse) l'espressione "come se" richiede sempre il congiuntivo. Nel sesto caso (sapessi) il congiuntivo è determinato dalla congiunzione "se" che introduce una mezza ipotetica che sottintende la conseguenza.

Attività 6.4: riga 1: "mi ha chiesto se conoscevo (**conoscessi**) il rumore del tempo"; riga 26: "gli ho chiesto se quella lettera aveva (**avesse**)".

Attività 8: la soluzione è il testo originale (attività 2.1).

Attività 9: la soluzione è soggettiva. Una possibilità è la seguente:

- Le posso telefonare a casa?
- Spiacente, non ho telefono.
- E lì?
- Certo, qui quando vuole.
- Domani?
- No, domani no, purtroppo.
- Posso lasciarle un messaggio?
- Certo che può lasciarmi un messaggio, anzi, deve farlo. Ci sarà un altro amico al mio posto che me lo trasmetterà. Sarò contenta.

14 ▪ Umberto Eco - *Come reagire ai volti noti*

Attività 1: 1; 3; 2; 2; 2; 2; 1

Attività 4:

Attività 5: la soluzione è il testo originale (attività 3.1).

Attività 7:

paragrafo	congiuntivo presente	paragrafo	congiuntivo imperfetto	paragrafo	congiuntivo trapassato
5	senta	1	si chiamasse	7	avessi afferrato
6	entri	5	esistesse	7	avessi trascinato
8	sia	6	appartenesse	7	avessi chiamato
8	sia	6	fosse	7	avessi buttato
		6	parlassero		
		8	fosse		

Attività 8:

paragrafo	forma verbale	il congiuntivo è determinato da…	congiuntivo obbligatorio
1	si chiamasse	non mi ricordavo come…	no
5	senta	incuranti del fatto che…	sì
5	esistesse	come se…	sì
6	entri	sono confusi dal fatto che…	sì
6	appartenesse	come se…	sì
6	fosse	come se…	sì
6	parlassero	come se…	sì
7	avessi afferrato	come se…	sì
7	avessi trascinato	come se…	sì
7	avessi chiamato	come se…	sì
7	avessi buttato	come se…	sì
8	fosse	ci hanno convinto che…	sì
8	sia	ci stanno convincendo che…	sì
8	sia	penseremo… che…	no

N.B. Il congiuntivo si usa per lo più in frasi dipendenti. In dipendenza da verbi che esprimono un significato incerto o non oggettivo (paragrafo 1: non mi ricordavo; paragrafo 8: penseremo che) il congiuntivo è auspicabile se si vuole sottolineare l'incertezza o la soggettività dell'opinione espressa.

In dipendenza dall'espressione "come se" (paragrafi 5-6-7) il congiuntivo è obbligatorio. Nel caso di contemporaneità dell'azione con quella della reggente il congiuntivo deve essere imperfetto (paragrafo 5: esistesse; paragrafo 6: appartenesse, fosse, parlassero), in caso di anteriorità della azione rispetto alla reggente, il congiuntivo deve essere trapassato (paragrafo 7: avessi afferrato, avessi trascinato, avessi chiamato, avessi buttato).

Quando il verbo della frase principale è intransitivo e quindi vuole una preposizione (paragrafo 5: incuranti di; paragrafo 6: sono confusi da) non è sufficiente la congiunzione "che" ma si deve usare la locuzione "il fatto che" legata alla preposizione, come negli esempi ai paragrafi citati (incuranti del fatto che; sono confusi dal fatto che). In questi casi è obbligatorio l'uso del congiuntivo. Altresì alcuni verbi di uso quotidiano, anche se adoperati intransitivamente, hanno preso l'uso transitivo ed è possibile omettere l'espressione "il fatto". L'uso del congiuntivo rimane comunque obbligatorio (paragrafo 8: ci hanno convinto che… fosse; ci stanno convincendo che… sia).

Attività 10.1:

Azioni descritte: mi trovavo a passeggiare per New York; ho visto da lontano un tizio; stava venendo verso di me; lui stava ancora guardando dall'altra parte della strada; stava giusto volgendo lo sguardo nella mia direzione.; Eravamo ormai a due passi; l'ho riconosciuto; ho fatto in tempo a frenare; gli sono passato accanto.

Riflessioni: conoscevo benissimo; non mi ricordavo; È una di quelle sensazioni che si provano specie quando in una città straniera si incontra qualcuno; Una faccia fuori posto crea confusione; quel viso mi era così familiare; non lo avevo mai incontrato.

Ipotesi su possibili azioni: avrei dovuto fermarmi, salutare; lui mi avrebbe detto; io non avrei saputo che pesci pigliare. Fingere di non vederlo?; Tanto valeva prendere l'iniziativa, salutare; poi avrei cercato di ricostruire.

Attività 10.2: Sarebbe opportuno indirizzare l'analisi soprattutto sulle frasi della terza colonna. In genere le ipotesi su possibili azioni da intraprendere sono espresse con il condizionale, ma anche con l'infinito nel caso di una interrogativa diretta retorica ("fingere di non vederlo?") o sempre con l'infinito retto da una frase il cui significato introduce una azione possibile (in questo caso "tanto valeva").

15 ■ Italo Svevo - *La coscienza di Zeno*

Attività 1.2: la soluzione è il testo originale (attività 2).

Attività 3: prescrisse (3); astensione (1); giacché (3); ad onta che (2); un tizzone (2); voto (3); indurlo (3); propositi (1); di tempo in tempo (1); ridda (2); indulgenza (3).

Attività 5: riga 3 - accompagnato (participio passato); riga 7 - Andandosene (gerundio); riga 8 - scottante (participio presente); riga 11 - liberato (participio passato); riga 14 - soffrendo (gerundio); riga 15 - dicendomi (gerundio); riga 21 - formatasi (participio passato).

Attività 6: le soluzioni sono soggettive. Ipotesi possibili sono: accompagnato = "che si accompagnava" ; andandosene = "mentre se ne andava"; scottante = "che scottava"; soffrendo = "nonostante soffrissi"; dicendomi = "e mi diceva"; formatasi = "che si formò".

Attività 7: la soluzione è il testo originale (attività 2).

Attività 9: la soluzione è il testo originale (attività 2).

Attività 10: la soluzione è il testo originale (attività 2).

Catalogo Alma Edizioni

Alma Edizioni
viale dei Cadorna, 44 - 50129 Firenze
tel ++39 055476644
fax ++39 055473531
info@almaedizioni.it
www.almaedizioni.it